渠道的衰落

经销商未来的转型方向

Decline of Sales Channel

中国社会科学出版社

王　涛/著

图书在版编目（CIP）数据

渠道的衰落：经销商未来的转型方向／王涛著 . —北京：中国社会科学出版社，2009.1

ISBN 978 - 7 - 5004 - 7202 - 5

Ⅰ. 渠…　Ⅱ. 王…　Ⅲ. 经销—商业管理　Ⅳ. F713.3

中国版本图书馆 CIP 数据核字（2008）第 141484 号

策　　划	门小薇
责任编辑	门小薇
责任校对	易　凡
责任印制	戴　宽
封面设计	李尘工作室

出版发行	中国社会科学出版社		
社　　址	北京鼓楼西大街甲 158 号	邮　编	100720
电　　话	010 - 84029450（邮购）	传　真	010 - 84017153
网　　址	http://www.csspw.cn		
经　　销	新华书店		
印刷装订	三河市君旺印装厂		
版　　次	2009 年 1 月第 1 版	印　次	2009 年 1 月第 1 次印刷
开　　本	710×1000　1/16		
印　　张	13		
字　　数	174 千字		
定　　价	31.00 元		

CONTENTS 目 录

上　篇

传统经销商退出供应链的历史宿命

　　经销商所处的外部市场环境正在悄然变化，尤其是现代零售业的崛起，使经销商的传统职能渐渐失去了价值，传统经销商在供应链中的历史使命即将完结。

第一章　传统经销商手中的法宝 ……………………………… 3

　　在传统零售业的环境下，经销商是不可或缺的，他们为产品在各个市场上的分销提供了巨大的价值，尤其是在如此规模巨大而消费差异明显的中国市场上。而且，在现代零售业发展之初，传统经销商又为零售商和厂商担负起了新的任务，只是经销商并未从中获得更多的利益。那么，在现代零售业发展初期，传统经销商还能为零售商和厂商分别提供些什么价值呢？他们又为零售商和厂商承担了哪些新的任务呢？经销商为何无法从这些新任务中获得利益呢？

个行业中的传统经销商并不意味着会在相同的时期消失，经销商们有着各自不同的退出时间表。这个时间表并不是由经销商自己控制的，而是来自于现代零售业的发展、所经营行业的自身特征，以及行业中厂商的经营管理水平所共同决定的。那么，现代零售业的发展是如何影响经销商的剩余生存空间呢？行业特征又是如何影响经销商的剩余生存空间呢？厂商的经营管理水平又是如何影响经销商的剩余生存空间呢？以上三个因素对经销商的剩余生存空间是如何共同施加影响的呢？

下　篇

经销商在供应链中的新使命

传统经销商势必要退出供应链，供应链将会出现新的结构，经销商也在供应链中被赋予了新的使命，经销商已走向涅槃之路。

第五章　经销商转型方向的推动因素 ································ 65

经销商并不是想走向哪里就去哪里，他们在供应链中选择的新位置受到了各种条件的限制，比如经营产品的行业特征、所在行业的零售业发展状况等，这些限制条件给经销商指出了未来在供应链中的新位置。那么，到底有哪些因素将会影响到经销商未来的转型方向？这些因素又是如何影响经销商的转型方向的呢？在这些因素的共同影响下，经销商都有哪些转型方向呢？

第六章 十字路口的选择 ································· 87

影响经销商转型方向的因素众多，而且这些因素并不是单独发生着影响，从某个具体的行业来看，在大多数情况下，这些因素其中的几个在同时影响着经销商的转型方向。何况经销商的个体情况也千差万别，这都需要探寻一种科学而有效的分析方法，或者说是一个符合客观规律的判断逻辑，来分析和探索经销商未来的转型方向。

第七章 经销商走向个性化的未来之路 ·················· 92

各个行业中的经销商可以根据行业的具体特征和零售业态的发展状况，以及经销商自身的客观情况，寻找到更加适合和更加有前景的转型方向。当然，当各个行业中的经销商都找到了适合而科学的转型方向，那么各个行业中的供应链就会处于更加高效和合理的状况，这也将最终为国内供应链整体竞争能力的提升提供支持，而且，通过供应链的优化而节省的成本，将会更多的给消费者以实惠。那么，到底什么样的经销商更加适合哪个或哪些转型方向呢？应该如何做出更加科学的判断呢？

第八章 积累转型的实力 ······························· 115

即便经销商找到了适合自己的转型方向，进行必要的准备还是需要的。否则即便外部环境指出了转型方向，经销商也意识到了这个转型方向，如果经销商自身能力和实力无法适应这些转型方向，那么，这个转型方向也只能留给同行业中的其他经销商了。那么，为了及时而成功地转型，经销商应该在哪些方面做些准备呢？并需要提升哪些方面的能力，以及如何提升这些能力呢？

附　　录

零售业态发展趋势
供应商制定渠道策略和零售商实施品类管理的新工具

自　序

　　连续出版了几本书后，本打算在 2008 年不再写新书了，因为将前面几本书的经营管理思想更多地引荐到企业的实践中去，应该是我这段时间更加重要的一项工作。但是 2007 年初冬的山东之行使我不得不改变了主意，我觉得有必要马上写这本书了。

　　说来惭愧，直至此次的山东之行，才得以到孔子故里——曲阜祭拜孔子。当我怀着敬畏的心情与几位朋友徜徉在孔府、孔庙、孔林中时，我的头脑中一直考虑着孔子开创的儒家思想到底是积极地推动了中国社会的发展，还是为中国的积弱埋下了一些种子。其实，我思考更多的还是，头脑中仍然充盈着很多传统儒家思想的中国人，如何能够更好的将西方经营管理思想为己所用，既不照搬，也不过度强调所谓"中国式管理"。

　　在从曲阜回到济南时，偶得一本阐述中国传统文化的好书，这又进一步促使我下决心从深入学习中国传统文化开始，然后再辅之以从弗雷德里克·温斯洛·泰勒的《科学管理原理》和彼得·德鲁克的《管理的实践》入手的西方管理体系，深入研究在中国独特的传统文化根基下，如何将西方优秀的管理体系有机地移植到中国企业中。虽然在国内的学术界和管理界这并不是一个新的课题，但是，从我个人的工作体验和研究来看，我一直认为这个最大的问题也是最早的问题直到现在并没有得到彻底解决。

随着中国企业逐渐融入全球市场，中国企业的经营管理问题变得越来越关键了，尤其是在中国企业的自主品牌在全球市场上还未成功地大量涌现，以及国内人力成本失去优势的大前提下，经营管理水平能否达到甚至超越全球水平就成为未来中国企业是否能持久屹立于全球市场上的瓶颈了。基于此，关于中国企业的管理创新和学习的话题，就自然而然成为了我接下来研究的重点，当然也是这本书探讨的重点。

其实，我的第一本书《推动管理》就针对此话题做了一些初步的探讨，不过《推动管理》只是从企业的工作方法层面和零售业的角度讨论了中国企业如何更好的应用西方管理思想和方法。但是出乎意料的是此次山东之行的后半段，我们离开济南到胶东半岛旅行的过程中，我又改变了主意，使关于这个话题的研究以及写作放到了后面的某个未知的时候了。

在胶东半岛几个漂亮的城市中，偶遇了几位经销商朋友，即便我知道山东是孔子的故乡，尊师重教的古风犹存，但是在短暂的交往过程中，我还是被这几位经销商朋友的虚心苦学精神所感动。他们当时一次又一次的提出所谓"最后一个问题"，使我深知他们的学习是多么真诚，其迫切之心真切可见。

当然不仅是在山东，在整个国内市场上，经销商转型寻找新的出路已经是一个迫在眉睫的事情，经销商的生存空间被逐渐压缩已经是大势所趋。因此，深入研究经销商未来正确的出路，不仅对广大经销商企业的生存和赢利，而且对国内整个经销商行业的发展，也就是供应链中的经销商环节的效率，都有着极其重要的意义。鉴于对国内经销商行业大势的深刻感受，以及几位经销商朋友的促进，我感到率先研究并写作成书关于经销商出路的课题更加有迫切性，当然也具有非常重大的意义。

实际上，在前几年，关于经销商经营管理这个话题，我一直有所关注和研究，不过当时关注的重点是经销商经营管理的转型。也就是我一直提倡的"经销商是无店铺的零售商"的观点，即希望能从经营管理的角度使经销商回归其商业本质，而不是将被厂商所一贯引导的营销管理作为经营管理的核心。但是，由于种种原因（我自己反省起来，还是由于惯常的认为经销商在整个供应链中处于相对不重要的地位，当然是相对于厂商和那些大型零售商而言），一直以来没有静下心来对经销商的未来出路问题进行认真的研究和写作。虽然几年来也曾写过一些片段的文章，也在有限的几次经销商论坛上讲过只言片语，但是那些都远远没有触及到国内经销商行业最关键的问题，即经销商未来的出路在哪里？也许，大势所趋，机缘所向，现在应该开始了，这正是本书的缘起。

一直以来，经销商都是供应链上一个经常被人忽略的弱势群体，不仅受到来自厂商和零售商的双重压力，而且国内的管理界和学术界也没有把经销商作为研究的重点。即便是现在经销商已经面临着重大发展转折点时，也难以看到大量有关经销商方面的研究文章和书籍。当然，其中最主要的原因应该是经销商企业一般都是中小企业的缘故吧，但是经销商作为一个整体，其在供应链中的作用却不可小视。

在某个行业中，有无传统的经销商职能存在，以及经销商是否在执行这个行业中所需要的正确职能，直接影响到了这个行业供应链的效率，其实最终还是反映了消费者所感觉到的在这个行业中所花费金钱的多少，也就是这个行业能够为消费者节省多少花费，同时也代表了这个行业的整体竞争能力或者行业中某个厂商或者零售商的竞争能力。经销商环节的整合是整个供应链整合的关键一步，在任何国家市场和行业中，都是一个必然要解决的问题，所不同的只是整合的时机而已。那么，对于独立的经销商来说，找到正确的出路就意味着找到未来的生意机会，意味着经销商企业的生存和持续发展。

需要说明的是，我们一再提到的经销商出路问题，实际上是指传统经销商的出路，换句话说，就是目前经销商所执行的传统职能已经在供应链中失去了价值，而需要在供应链中重新寻找新的价值。经销商所执行的传统职能一般是指分销职能、销售职能、库存职能等，有时甚至包括营销职能（营销职能是指在销售职能之外增加了市场能力，比如选择产品、定价、设计促销等），有的行业的某些经销商，可能一贯就是以执行销售或者营销职能为主。

那么在国内市场上，到底经销商新的出路在哪里呢？如何寻找经销商在供应链中新的职能呢？恐怕首先要从导致传统经销商在供应链中失去价值的动因来分析，《易经·系辞》中说："圣人有以见天下之动，而观其会通，以行其典礼。"如果我们找到了导致传统经销商的生存空间被压缩的正确原因，那么，找到经销商新的出路就不是大问题了。

可以肯定地说，**现代零售业的发展是导致传统经销商的生存空间被压缩的最主要原因**。现代零售业的连锁化经营模式，使传统经销商失去了那些传统的夫妻店客户，从而也就失去了产品分销的关键职能；随着零售商规模的扩大，他们逐渐建立起自己的配送中心，而使经销商失去了部分物流职能；零售商门店权利的减少，使经销商的销售职能变得没有意义；随着零售商的管理越来越规范，经销商固有的客情关系职能也变得不那么重要了。最后，随着零售商逐渐占据供应链中的强势地位，他们在某个区域市场发展壮大后，会要求厂商取消经销商这个中间环节，从而保证零售商能够获得更低的零售价格，经销商原有的利润将随之转换为厂商和零售商的价格优势，以及消费者更少的花费。

既然找到了传统经销商生存空间被压缩的直接原因，那么接下来我们就能够更容易地寻找经销商新的出路了。首先，需要考虑的因素是行业特征所决定的消费者需求特点，比如在家电行业中，很多产品需要专业的安装、维修、提供零配件等，那么这些行业中的一些经销商转型为服务提供商将会是一个必然的趋势；又比如，酸奶、冰激凌和火腿肠等需要冷冻冷藏的产品，它们需要专业的冷冻冷藏运输车辆，那么这些行业中的经销商转型为专业的冷链物流商必将会是一个不错的选择方向。总之，行业特点所决定的消费者需求特征是决定经销商寻找新的出路的一个关键因素。

其次，零售商是影响传统经销商寻找新方向的另一个关键因素，毕竟现代零售业的发展是导致传统经销商面临转型危机的直接原因。由于现代零售业在各个行业的发展不均衡，而且各个行业中的产品分销渠道的多样化程度不同，导致了各个行业中的经销商具有了不同的发展方向。比如，在啤酒和饮料行业中，其显著特点是渠道多样化，那么这些行业的经销商可以转型为特殊渠道经销商，比如传统夫妻店、小型便利店、企事业单位客户等；又比如在文具行业，如果文具连锁专业店尚处于初级发展阶段，那么这个行业的经销商就有可能从开设文具连锁专业店开始，使自己转型为零售商。

当然，我们所讨论的经销商是以经销一般消费品为主的经销商，并不包括进口产品经销商、工业品经销商和高端品牌经销商等。因为以上提及的几种类型的经销商与一般消费品经销商在经营本质上存在着很大的不同，最大的区别在于它们并不依赖一般性的销售终端销售其产品，而是以直接客户、专卖店等为主要的销售渠道。因此，它们当然不在本书的讨论范围之内。另外一个问题，有些经销商会选择完全撤离经销商这个行业，将资金投向与产品经销完全无关的行业，比如房地产、酒店、股票等，他们这些选择当然也不在我们讨论的范围之内，这类选择也就不会成为本书中讨论的一种出路。

另外，我们讨论的是那些直接分销给零售商的经销商，而不是分销给下游经销商的经销商，也不是直接分销给直接用户的经销商，比如分销给餐馆、酒吧等，他们虽然也是再销售，但是他们的顾客是在现场使用产品，而零售商的顾客一般情况下是购买后带走产品。在国内市场上，销售给零售商的经销商是最大的群体，而且经常是这样：分销给零售商的经销商也会同时拥有餐馆、酒吧、企事业单位等客户，只不过在很多时候，零售商往往是经销商最主要的客户群体。

最后，经销商作为独立的企业，其企业能力和规模以及经销商投资者的发展意愿，是影响经销商选择新出路的另一个因素。在很多行业中，在行业特征所决定的消费者需求特点和零售业发展状况的共同影响下，经销商的新出路是相对确定的，当然出路也许并不止一条。换句话说，经销商在客观条件所限定的大势之下，其企业能力和发展意愿也是左右其出路选择的重要因素。比如，在文具行业中的经销商，他们既可以自己开连锁文具专业店，转型为零售商，也可以转型为特殊渠道经销商，重点服务于企事业单位客户。而经销商所做出的选择就与其企业能力和意愿有很大的关联。

挖掘和分析导致传统经销商失去生存空间的原因，构成了本书的上篇。在这部分中，本书详细分析了经销商的传统职能是如何被零售商逐个瓦解，而逐渐失去了其原有的存在价值的。并进一步分析了在不同的行业中，现代零售业给经销商带来的压力程度的不同，这也就意味着在不同的行业中，传统经销商所剩下的生存时间之不同。

如何寻找经销商的新出路构成了本书的下篇。在这部分中，本书从行业特征所决定的消费者需求特点，以及不同行业中现代零售业的不同发展状况，详细分析了在不同客观条件的限制下或者说是指引下，经销商应该选择怎样的新出路。同时，本书还进一步分析了经销商自身客观因素对其选择未来出路的影响，这是由于在各个区域市场上，各个行业中的经销商自身的客观因素不同，比如，经销商经营行业中的品牌数量多少，在当地市场上有几家经销商经营同一个行业的产品等。最终，本书归纳了经销商六个新的转型方向：服务提供商、专业品类经销商、品类物流商、特殊渠道经销商、建立自主品牌和开设专业店。

本书一个明显的特点是：从零售商的视角或者说是从现代零售业的经营特征和发展趋势分析和寻找经销商的未来出路，而不是从厂商的视角进行分析。另外，正是由于本书采取的零售商视角，所以在分析经销商出路的同时，也使经销商、厂商和零售商从不同的角度，分享到一些其他经营领域的思考。比如，厂商在与零售商的合作中是否需要通过经销商，在何种情况下，必须依靠经销商，而在何种情况下，应该取消经销商环节；经销商到底如何对待厂商和零售商，经销商如何把握供应链中的斗争；现代零售业的发展历史和规律，现代零售业各种业态的特征和发展趋势；厂商、零售商在经销商转型中起的作用，他们谁更有决定力量，他们谁会率先提出取消经销商环节；零售商眼中的供应链是什么样的，等等。

而且，本书在分析经销商在供应链中面临的压力以及未来的转型方向时，分别从零售商、厂商和经销商三个不同的视角，分析了供应链内部的利益冲突本质，以及在发展中彼此产生的影响。书中更加重点分析的是，供应链内部各个成员之间的竞争侧面，而不是惯常的合作侧面。毫无疑问，在任何一种合作组织中，合作的同时必然也存在着某些利益上的冲突，如果我们只是看到合作的一面，却忽略了其中的利益冲突，最终必然会给双方（或者多方）的合作关系带来损害。因此，从供应链内部各个成员的利益冲突和互相影响的角度分析经销商未来的转型方向，会更加符合真实的市场。

本书当然最适合广大经销商的经营者和管理者阅读，因为何时转型，向哪里转型，直接影响经销商企业的生存和持续发展，痛则切肤，善选则生财。另外，本书同样适合各厂商的经营者和管理者阅读，因为经销商的转型就意味着厂商销售渠道的变化，而且在很多情况下，渠道的变革往往是由厂商发动的。也就是说，在渠道的变革中，厂商具有更大的决定权，如果厂商更加了解本行业中的经销商的转型时机和方向，必然会有助于他们采取适时和正确的渠道措施，以优化自己的供应链，进而在行业中建立起新的竞争优势。采取了适时而正确的渠道变革策略的厂商，就成为了行业渠道规则的改革者，当然，他们也应该是渠道变革中最早的受益者，也许还会是最大的受益者。

最后，本书同样适合零售商的经营者和管理者阅读，当他们了解了各个行业中经销商的转型时机和方向后，他们可以劝说各个行业中的厂商适时变革其渠道结构，不失时机地整合供应链，降低供应链的总成本，并让利于消费者。毫无疑问，率先带动变革供应链结构的零售商将会在零售价格上赢得更大的优势，当然就能得到更多的顾客青睐。

其实我心里很清楚，我不敢说书中所讨论的内容都是真知灼见，也许其中还有很多疏漏和不准确的判断，或者说，这本书只是探索在国内市场上经销商转型的一个开始，如果能起到一定的抛砖引玉作用，已经是我的奢望了。当然，如果书中的部分分析和观点能够对国内广大的经销商、厂商和零售商朋友有所启示和参考，那么，我将会感到更加开心。

大道之悠悠，莫能尽言而善言也！

王涛
2008 年冬于上海

上 篇

传统经销商退出
供应链的历史宿命

　　经销商所处的外部市场环境正在悄然变化，尤其是现代零售业的崛起，使经销商的传统职能渐渐失去了价值。传统经销商在供应链中的历史使命即将完结。

　　功遂身退，天之道也。

——老子《道德经》

第一章 | **传统经销商手中的法宝**

如果想搞清楚传统经销商的生存空间为什么被逐渐压缩，而变得越来越狭窄，还要从传统经销商一直以来所赖以生存的资本开始分析。所谓"时事造英雄"，随着国有批发站功能的失去，经销商群体逐渐成为全国各级市场上分销产品的主导力量。从市场的角度来看，中国市场的巨大规模给经销商提供了足够大的成长空间，更为重要的是，各区域市场和各层级市场的消费水平和消费习惯差异之大，也使厂商对经销商产生了更大的依赖性。另外，从文化层面来看，中国固有的人情文化，使经销商在当地市场上具有了超出市场力量之外的附加价值。

但是，国有批发站空余出来的市场空间很快会被众多的经销商所占满，经销商在慢慢做大的同时，经营模式和管理方式也在悄然发生着变化。但是，经销商的传统职能并没有发生根本性的改变，至少这是国内经销商的主流表现，只不过随着外部环境的变化，尤其是零售业的变化，经销商又担当了一些微妙的过渡性角色，他们分别为零售商和厂商提供了短期的利用价值。但即便在这种情况下，经销商的日子仍不好过。

一 经销商的传统职能

不管是哪个国家市场上的经销商，都几乎走着同样的发展之路，经销商在发展之初，都开始于其最传统的市场职能。经销商作为供应链中的中间环节，帮助厂商将产品更广泛、更快地分销到零售商的货架上，从而为自己赢得通过从事此项增值活动带来的利润。但是，更广泛、更快地将产品分销到零售商的货架上并没有那么简单。

经销商需要有能力并付出客户费用，以便能够保持和开发更广泛的当地零售客户；为了保持经销产品有更好的销量，经销商必须付出销售费用，以检查零售商货架上的产品陈列、库存、订货信息，以及不断获取竞争产品的市场信息；很多经销商还必须具备能力并付出更多的营销费用来考虑定价问题，以及促销活动的策划和推动等；然后，为了保证零售商不缺货，经销商必须保持更大的库存，并安排车辆送货；在很多时候，经销商还必须付出资金成本，以现款保持知名品牌的库存，却不得不给重点零售客户提供账期。虽然并不是所有的经销商都在做以上的每一项工作，但是总体来说，这些正是经销商最基本的几个市场职能。

第一，经销商必须具备一定的分销能力，换句话说，经销商必须在当地市场上拥有一定规模的零售客户，这是厂商对经销商最基本的需求，当然也就是经销商最基本的生存依托。尤其是现代零售业在国内市场上出现之前，零售终端是以独立而分散的夫妻店为主，目前在很多下游市场上依旧是这样的情况，如果再考虑当地市场上众多的餐馆、企事业单位等客户（当然可以销售到这些渠道中去的只是部分分类中的产品），作为厂商来说，他们如果不借助经销商的力量，几乎无法完成在各个市场上的分销任务。因此，能够覆盖当地市场上更多零售店的经销商，成为帮助厂商分销产品的主要力量。

第二，经销商必须提供销售职能，产品分销到零售商的货架上只是销售工作的开始。为了保证各个零售商那里的产品没有缺货，有更好的陈列位置、更大的陈列空间，以及正确的零售价格等，经销商需要不断地对产品订货、产品陈列、零售价格等进行管理和控制。那么，经销商不得不组建销售团队，以管理众多的零售客户，当然随之而来的是销售团队的管理就变得异常重要了。虽然很多厂商构建了自己的销售团队，以服务于各区域市场，但是对于大多数厂商来说，他们还是希望利用经销商的销售团队，这不仅仅是出于对销售成本的考虑，其实厂商更加难以应付的是对各区域市场上的众多销售团队的管理和控制。拥有独立经济利益的机构（比如经销商）管理的销售团队，无论如何也比只是管理型的销售团队有着更多自发的、高效的行动效果。

第三，很多经销商还拥有比销售职能更进一步的营销职能，他们要考虑产品的选择、产品的定价、促销的策划和执行等。虽然很多大型厂商并不需要经销商从事营销工作，但是仍然有很多中小厂商，甚至是某些大型厂商，希望经销商负责起当地市场的营销工作。厂商的营销人才短缺和营销能力不足只是部分原因，中国市场巨大而且地域差异明显是导致厂商营销能力无法达到需求的另一个重要原因。换句话说，中小厂商无法吸引优秀的营销人才，而那些大型的全国性厂商却由于国内市场巨大地域差异明显，导致吸引的营销人才无法满足整个市场的需求。不过从经销商的角度来看，很多经销商最欠缺的往往正是营销能力，他们更没有能力吸引足够的专业营销人才，更何况品牌毕竟是属于厂商的，经销商始终缺乏为厂商的品牌付出更多精力和资金的动力。

第四，库存和配送是经销商最基本的一项职能，不管经销商以上几项职能做的效果如何，厂商无论如何也无法比经销商更好的发挥库存和配送职能。在每个区域市场上，为了减少各个零售客户缺货，经销商对各个产品必须保持更高的库存，如果销售团队工作不利，也就是说，经销商无法控制好各个零售客户的订单，那么就会给经销商的库存管理带来极大的挑战。经销商的库存问题不仅表现在库存金额过高上，更加严重而隐秘的风险是来自于库存结构的不合理。比如，高销量的产品库存太少，滞销产品库存太高，高毛利产品库存太少，而低毛利产品却库存太多，等等。当然更不用说，由于库存管理水平太低而导致库存数据不准确、损耗严重等表面问题了。

尽管库存和配送是经销商最基本的职能，也是厂商最倚重经销商之所在，但是库存问题也恰恰成为了经销商的噩梦。对很多经销商来说，赚钱与否，库存几乎成为了头等制约因素。当然，从厂商的角度来看，库存给经销商带来压力，更多的是经销商内部的问题，他们可以提供指导，但却无法体验到经销商那种切肤之痛。

第五，经销商为中小厂商提供了一定的资金支持，帮助他们启动市场，或者扩大市场，同时却逐渐失去了大型厂商的资金支持，大型厂商在拥有了更大的市场份额后，开始要求经销商现款买货，而不愿意提供信用额度。从另外一个方面来看，经销商向其零售客户提供的账期却越来越长，雪上加霜的是，由于很多零售商、餐馆等因经营不善而倒闭，更增加了经销商的资金风险。在资金问题上，经销商几乎找不到改善的良策。

二 零售商需要经销商

在目前的国内零售市场上，现代零售业几乎已经渗透到一般的三四级城市市场上了，各个区域市场都已经出现了当地的大型连锁超市，比如山东威海的家家悦，潍坊的家乐佳，温州的人本超市，广东的人人乐，南京的苏果等，当然在这些市场上一般也有那些全国性连锁超市的门店，比如沃尔玛、家乐福、大润发、乐购等。在如此环境下，经销商虽然受到了来自零售商不同程度的冲击，但是连锁超市还暂时离不开当地经销商，零售商新的需求恰好是经销商能够满足的。

这是基于现代零售商的两个基本要求，也是现代零售商与传统零售商的显著不同之处。首先，由于现代零售商对商品数量的需求比传统零售商更加迫切，也就是说，现代零售商需要以更加多样化的商品提供给顾客。这不仅是由于现代零售商的卖场面积更大，其实即便是连锁便利店，其销售的商品数量也要远远多于传统的夫妻店。导致零售商提供商品数量增加趋势的动因是消费者的需求，消费者生活节奏的加快，使一站式购物成为一种新的购物习惯和需求，而且随着消费水平的提高，消费者往往趋向于更加丰富的商品选择。

比如，美国比中国的消费水平高很多，所以美国消费者对商品的可选择需求要远远高于中国消费者，一个明显的例子是，沃尔玛在美国平均每家门店有十几万个单品，而在中国市场上沃尔玛的门店只有两万多个单品，这当然不是因为中国只能生产远远少于美国的产品数量，毕竟中国是全球的制造大国。美国最大的家居工艺品连锁超市好必来每家门店约有 10 万个单品，而家居工艺品连锁超市在目前的中国市场上几乎是不能开店的，因为当顾客对这个分类中的单品数量需求太少时，经营这个分类的连锁专业店是无法获得赢利的。

其次，现代零售商往往更加重视商品的本地化，也许对于传统零售商来说这个问题是根本不存在的，因为他们往往只有一家门店，他们销售的商品当然是符合本地化需求的。我们不是要强调现代零售商本地化的重要性，而是要解释现代零售商的商品本地化的内涵其实已经发生了根本性的改变。现代零售商面临的本地化难题在于，他们要面对众多地域各不相同的"本地化"，只要他们的门店开到了一个新城市，他们就必须重新考虑一次商品本地化问题。只有现代零售商在其门店所在的各个城市市场上都很好地完成其商品本地化设计，才能说他们已经做到商品本地化了。因此，商品本地化的经营发展同时也给连锁超市带来了更多的商品。

不管是由于现代零售商更加迎合消费者需求的变化，而提供了更加多样化的商品选择，还是由于现代零售商的商品本地化经营，都大幅增加了其店内销售的商品数量。这些增加的商品当然不仅仅是来自于大型厂商，还有更多的产品来自于众多的中小厂商，毫无疑问很多本地化产品往往是只具有中小厂商规模的企业提供的。问题在于，这些中小厂商的营销能力和物流能力不足，甚至很多大型厂商的营销能力和物流能力也与其销售规模不成正比。那么，很多产品的制造商不具备为连锁超市持续提供产品的能力，但是它们生产的却是现代零售商所需要的产品。

其实在现代零售业发展的初期，零售商们往往与厂商有着类似的困境，他们也不具备能力为这些产品的供应提供支持。由于零售商的门店数量还太少，使他们无法建立起独立的配送中心，即便是如沃尔玛等建立了配送中心的零售商也无法使配送中心发挥其应有的作用。比如，目前零售商的配送中心还不能把所有的商品纳入到配送中心的体系中去，即便产品由配送中心统一配送了，其各个门店的日常补货仍然无法得到很好的控制，缺货或者库存过多的现象频出，最终还是增加了厂商的负担，使厂商不堪重负。

而且，产品不仅仅是在货架上有陈列就可以了，厂商还需要派人跟踪产品在各个门店的定价情况、陈列情况、促销情况等。因为国内的零售商还无法达到沃尔玛在美国的管理水平，连锁超市总部无法有效地控制分布在各地的连锁门店，各个门店的产品缺货控制、门店库存、陈列水平、定价、促销执行、销售分析等，实际上大都处于一种放任的状态，总部没有能力控制，门店更缺乏能力控制。

因此，在现代零售业发展的初期，零售商对经销商有很大的需求。经销商帮助零售商供应那些厂商无法直接供应的产品，而这些产品往往是零售商非常需要的，当然也意味着是消费者所需要的。零售商最需要经销商的是物流功能，而厂商需要的是经销商的营销职能和库存职能。但是零售商对经销商的这种需求是短暂的，危机正在酝酿之中。

三　经销商帮了厂商的忙

随着现代零售业的发展，经销商感受到了来自零售商的巨大压力，同样，厂商也感受到了来自零售商的巨大压力，而且其感受到的压力程度也许会更多于经销商，毕竟品牌是厂商的命根，而这个命根却在很大程度上受到了零售商的控制。除了宝洁、可口可乐、达能、雀巢等跨国消费品公司对那些现代零售商有很好的管理手段之外，众多的国内厂商，以及那些中小型的外资厂商，都在零售商面前变得束手无策。那么在这种情况下，经销商反而给这些厂商提供了一些意料之外的帮助，不过这种帮助却是以损失经销商自身的利润为前提的。

首先，经销商本来已经淡化的客情关系能力重新被厂商看重了。由于独立零售商的市场份额变得越来越大，每年合同条款的微小波动都可能会对厂商的利润造成很大的影响，而零售商开始变得比厂商更为强势，其谈判水平也越来越专业，这使很多厂商的合同费用逐年增长，最终结局当然就是变成了一份使厂商不赢利的合同。在万般无奈的情况下，很多厂商又开始利用所谓的客情关系来解决上述问题，而经销商在当地更为广泛的客情关系，便成为厂商非常倚重的一种资源了。

另外，在现代零售业的发展初期，为了保持更大的灵活性，零售商的门店往往拥有比较大的权力，那么当产品进店后，日常的订货、陈列维护、价格维护、促销实施都与各门店有着直接的关系，也就是说，各门店拥有以上的这些权力。厂商为了争取到更多的货架空间、更好的利用门店的促销资源等，必须保证能够与零售商的各连锁门店保持良好的沟通，那么，经销商在当地的客情关系又添加了一份力量。

其次，厂商往往愿意躲在经销商的背后与零售商合作，而不愿意走到合作的前台。虽然在很多时候，这是由于厂商对自己与零售商合作的能力存在怀疑，但是还有一个重要原因是，厂商希望在无法抗拒零售商压力的情况下，将一部分利润损失转嫁给经销商。当零售商的合同费用不断增长时，厂商可以通过提高供价来平衡自己的利润，但是由于担心零售商不会轻易接受，厂商往往要求经销商来承担涨价的压力，至少经销商必须分担涨价的一部分压力，而实际上，在面对很多大型厂商时，经销商一般情况下没有力量去抗争。

而且，零售商行业之间的竞争，使产品的价格总是不断降低，当零售价格降低到严重影响零售商的商品毛利时，零售商会利用各种手段迫使厂商降低供价或者提高合作费用。在这种情况下，如果厂商无法抵抗零售商的要求，那么降价和提高费用的压力又会转嫁到经销商的身上，而这种在日常经营中的产品价格变动或者各种费用的提升，又是不易被察觉到的。如果没有系统而科学的管理，甚至可以说，不管是厂商还是经销商，几乎根本就无法发现其利润的损失，但是经销商在年终会发觉，其利润没有达到预想的结果或者没有达到厂商所承诺的目标。

很多厂商虽然完全具备营销能力与现代零售商直接合作，但是由于他们缺乏物流管理能力，而不得不继续通过经销商与零售商合作。从原则上来说，厂商在有了较强的营销能力之后，可以通过找第三方物流公司来解决仓库和配送问题，那么他们就可以甩开经销商，而与零售商直接合作了。但是实际上却行不通，第三方物流公司一般无法为零售商和厂商完成整合库存和订货工作，也就是说，第三方物流公司只是机械地根据零售商的订单送货，订单是否合理、库存是否合理，他们往往并不关注，当然他们也不专业。而很多厂商也不具备科学地处理零售商的日常订货和库存管理的能力，比如，他们在各地的销售团队不能准确把握零售商各门店的库存情况，也无法准确地预估各个门店的销售趋势，从而根本无法帮助零售商控制库存，并生成合理的订单。当然，由于这种能力的缺失最终导致的库存增加和退货增加，还是要厂商来负担。

虽然经销商的库存管理和订货水平并不高，他们也不能非常好地帮助零售商管理其库存，并生成合理的订单，但是由于高库存成本和退货成本都要由经销商直接来承担，而且经销商的老板必然比厂商的老板能够更快地体验到库存成本和退货增加及其给企业带来的不利影响；因此这会促使经销商更加努力和认真地考虑库存和订单问题。换句话说，经销商在直接经济利益的压力下，会有更大的动力来不断完善库存和订单管理。此外，毕竟经销商与零售商一样，都是在从事商业活动，其经营管理本质是相通的，那么经销商在库存和订货管理上，也确实天生就应该比厂商更加专业。因此，一直以来，经销商在物流管理环节上为厂商提供了极大的帮助，当然经销商为此也付出了由于库存管理水平不高而带来的高库存和高损耗的代价，其实就是最终利润的损失。

在现代零售业发展初期，当经销商代表了众多的厂商与零售商谈判时，经销商相对于零售商来说，已经比单独的厂商尤其是中小厂商，具备了更强的话语权。当然，这就给各厂商带来了比自己单独谈判更低的合同条款，经销商此时应该更有成就感，因为这是一种实实在在的能力体现，就如厂商的品牌力量一样。但是，聪明的经销商无法从内心感到轻松，反而感受到了前所未有的压力，因为真正的危机就要到来了，经销商的天空上已是雷声阵阵阴云密布了。

第二章 | 零售商开始剥夺经销商的传统职能

　　经销商处于供应链的中间环节，他们担负着连接厂商和零售商的重任，但是相对于厂商和零售商来说，经销商却始终处于弱势地位。从本质来看，这是因为经销商在供应链中所提供的价值还不足以与厂商和零售商提供的价值相提并论，即便经销商为供应链提供的职能也是不可或缺的。厂商由于开发和生产产品并拥有品牌，因而一直处于供应链中的主导地位，而零售商在供应链中最接近最终消费者，其门店购物的顾客几乎成为了零售商所拥有的私人资产。因此，在经销商出现和发展的整个历史过程中，经销商的命运似乎总是把握在别人的手中。

　　长期以来，经销商更多的是受厂商的控制。经销商经销的产品、分销的区域、经营模式、服务的客户、库存成本、资金运用等几乎都在厂商的指导和控制之下，当然最终被厂商所控制的这些因素直接影响了经销商获得利润的情况，其实很明显，经销商的生意命脉一直掌握在厂商的手中。就如前几年宝洁公司在国内实施的渠道变革，他们强行减少经销商数量，同时又说服剩下的经销商扩大分销范围，我们暂不去讨论宝洁的做法是否有利于整个供应链的效率提高，以及是否保护并提升了经销商的利益，但是从他们的行为中可以清楚地看到经销商在供应链中的被动地位。

　　随着经销商经营管理经验的积累，以及其实力的不断加强，经销商已经不再像以前那样对厂商言听计从了，但是经销商却正在面临着一个更大的生存威胁，这就是来自零售商的压力。现代零售业的经营特点以及发展趋势使传统经销商的前途变得更加黯淡。零售商并不会像厂商那样指导和控制经销商，但是零售商会在合作中不断压缩经销商的利润空间，而经销商在厂商那边也没有任何退路可寻。最为严重的是，零售商最终使经销商逐一失去了其传统职能，而使经销商不得不面对一个生死攸关的问题：未来的出路在哪里？

一　零售商的连锁化经营使经销商丧失了分销职能

与传统零售业相比，现代零售业最显著的特点就是连锁化经营，这也是现代零售业能够超越传统零售业，在供应链中逐渐占据主导地位[①]最本质的原因。他们的每家门店只能够覆盖周围几公里范围之内的商圈（不同零售业态的门店覆盖的商圈大小不同），这就限定了其销售额只能来自商圈之内的顾客购买（便利店是来自于相对固定的流动顾客的购买），因此只有拥有更多的门店，才能使零售商获得更大的销售份额。而现代零售业的连锁化经营，使独立的零售商拥有众多门店成为了现实，这也成就了零售商在供应链中逐渐赢得强势地位的梦想，供应链的权利易主，从厂商手中向零售商手中转移。

如果从零售行业内竞争的角度来看，现代零售业的连锁化发展无疑将传统的夫妻店逼到了绝路上，显然，传统的独立商店无法与拥有众多门店的大型连锁超市竞争。AC尼尔森在 2005 年的《购物者趋势调查》和 2004 年的零售普查结果显示：由于现代零售业态迅速增长带来的巨大压力，杂货店、售货亭的门店数量在 2003 年开始下滑，

---

① 针对供零关系的话题，在我的另外两本书《供零战略》（2007 年 1 月）和《货架上的战役》（2008 年 5 月）中有详细的讨论。以上两本书均由中国社会科学出版社出版。

比 2002 年下降 1%，2004 年门店数量继续下降，比 2003 年降低 8%，与此同时，杂货店、售货亭快速消费品的销售额比 2003 年下降了 1 个百分点。

从中国经济信息网《2007 年中国零售行业年度报告》中的另一份数据结果我们可以看到，从 2002 年到 2006 年，全国连锁百强企业的销售额增长平均在 31% 左右，远远高于社会消费品零售总额平均 12% 的增长速度。从以上两个调查结果的对比分析能够看出，现代零售业在快速增长，而相对的传统零售业在大幅度的萎缩。当然，连锁百强企业的销售额增长中有一部分是来自于吃掉小规模的连锁企业，但是毫无疑问的是，他们的增长有很大一部分是吃掉了传统零售商的市场份额。

传统的独立零售店被现代零售业的连锁门店所取代，使经销商失去了其最为宝贵的零售店客户，厂商不再需要他们挨家挨户地分销产品了。在以现代零售业为主导的市场上，厂商如果希望将产品尽量广泛地分销到各个区域市场上的零售终端中，只需要到几家大型连锁零售商的采购部经过谈判并达成一致后，其产品就可以马上分销到这些零售商的各个连锁门店中，而无需像对待独立的夫妻店那样逐一进行铺货谈判。因此，现代零售业的连锁化经营，使经销商失去了其赖以生存的最基本的职能——产品分销职能。

连锁零售商为了更大地集中并发挥出其销售规模的力量，在产品的进店谈判中，他们会尽量要求厂商与其中国区总部谈判（如果是只销售部分区域的厂商，零售商也会要求他们与其区域采购部谈判）。而大型连锁零售商的总部大都集中在几个发达城市中，即便是那些区域性的连锁零售商的总部一般也建立在本区域中最大的城市。那么对于大多数区域市场中的经销商来说，其分销范围的核心不在零售商的总部，因此这些经销商就根本无法与零售商的总部发生联系，厂商当然也不会依靠这些经销商与零售商的总部进行谈判。

即便是那些刚好处在零售商总部所在城市的经销商，由于其综合能力较低，也很难与零售商进行对等的谈判，因此，厂商也不会轻易将与零售商总部的产品进店谈判交给经销商。当然，这不包括那些综合能力同样比较薄弱的中小厂商，以及自身经营管理能力薄弱而非常倚重客情关系的大型厂商。

其实，南欧的希腊与中国的情况非常类似，由于希腊的现代零售业也是在 20 世纪最后的 10 年才开始发展的，到了接近 2000 年时，希腊传统的经销商已经消失很多了。只是欧洲的经销商往往早已拥有自己的零售店，甚至拥有几家连锁店，因此，他们非常容易转型为小型的连锁超市，而且，只要他们加入了类似消费者合作社、自愿连锁等大型采购组织，他们仍然可以像家乐福、特易购那样从供应商那里获得较好的合作条款。

二 零售商的采购中心使经销商丧失了营销职能

零售商的采购部门除了与厂商谈判产品的进店事宜，其实在他们谈判的合同中，还包含了销售预估、产品分销的门店范围、产品组合、产品定价、促销计划、陈列要求、付款条件和物流计划等。虽然在谈判之前，很多厂商并没有就合同内容预先做出科学规划，整个年度谈判过程只是被动地被零售商所引导，但是，零售商合同中的内容恰恰就是厂商每年应该做出的营销规划。当与零售商的年度合同确定之后，厂商也就完成了年度的营销规划，那么剩下的就是对营销规划的执行了。

前面提到，很多经销商已经不能替代厂商与零售商的总部进行谈判了，这不仅体现在产品进店的谈判上，相应地，经销商也没有能力与零售商进行年度合同谈判。那么，当经销商不能替代厂商与零售商进行年度合同谈判时，经销商也就彻底失去了营销职能，尽管经销商的营销能力本来就比较薄弱，而不管厂商的营销能力如何，他们已经被零售商逼得必须直接与其谈判了。因此，对于很多经销商来说，已经无法与零售商讨论销售指标、产品组合、定价、促销策划、陈列规划等营销问题，给经销商剩余的工作只有执行零售商与厂商确定的营销规划了，即执行厂商与零售商签订的年度合同条款。

当然在现阶段，由于很多国内的零售商经营管理水平较低，还有一些像家乐福之类的跨国零售商考虑到中国零售市场尚处于初级阶段，需要其门店保持更大的灵活性，他们尚缺乏能力或者不愿意从整体上控制与厂商的营销规划，因此将营销规划权利下放到各个连锁门店中，使很多经销商仍然可以发挥其营销职能，至少仍然给经销商保留了发挥营销职能的空间。但是这种局面不会维持太久，随着零售商经营管理水平的提高，以及国内零售市场和厂商逐渐走向成熟，很多零售商对供应商在年度合同中的营销规划提出了越来越高的要求，这无疑将导致经销商彻底失去营销职能。

比如，沃尔玛一直在推动其所有的供应商每年提供一份联合商业计划，并且为了促使供应商能更顺利的执行，当然也为了保证供应商能够提供更符合要求的联合商业计划，沃尔玛为供应商提供了联合商业计划模板。这个模板对于厂商来说就是一套非常完善的营销规划思路和方法，而且，沃尔玛为了使供应商的联合商业计划更具准确性，他们还积极地为供应商提供制定联合商业计划中需要的各种销售数据。又如，家乐福近几年也加强了与供应商推动联合促销计划等的措施，他们要求供应商尽量为其策划并提供年度的、量身定做的促销活动，家乐福则保证在其国内的所有连锁门店中更有效的统一执行。

虽然在配合零售商实施联合商业计划和联合促销计划等的实施过程中，很多厂商并没有看到它们的重要意义，而只是一味地敷衍和应付零售商；但是越来越多的厂商开始意识到零售商联合商业计划的重要意义，已经想方设法在提高理解和实施联合商业计划的水平，并尽量科学地将自己的营销计划分解到各个零售商的联合商业计划中。关于联合商业计划的话题，在我的另一本书《货架上的战役》中有详细的讨论。

在零售商的经营管理水平和厂商的营销能力同样不断提高的情况下，经销商无法阻挡其营销职能的丧失，很多经销商将会彻底的放弃其营销职能。当然，营销职能原本就不是经销商所擅长的，恐怕也是很多经销商从来也不愿意承担的一项职责。

三 零售商门店权力的收回使经销商丧失了销售职能

在传统零售业为主体的渠道环境下，厂商面对无数的独立零售店，很难独自完成日常的客户服务和控制，尤其是众多的国内企业，即便他们是那些在行业中排行第一第二的大型厂商。由于国内企业的综合管理能力和市场经营能力与实施分公司制的经营管理要求存在着很大的差距，不仅导致公司总部的营销政策和计划无法很好地在各个分公司中贯彻执行，而且更严重的是，还导致各个分公司的经营失控。

比如，首先表现在破坏了公司的价格体系，造成渠道成员的利润被不断压缩，最终使很多渠道成员不再愿意继续合作，实际上，这就迫使厂商将涨价变成背水一战，如果涨价不成功，即便拥有很好的产品，厂商也将被迫退出市场；其次分公司的经营行为与公司的品牌建设本来就存在着根本性的矛盾，品牌形象的建立和维护往往不是分公司所考虑的首要任务，那么在各个市场上，厂商的品牌形象就会逐渐被分公司开展的各种促销、降价等活动腐蚀掉；此外，由于很多国内厂商缺乏供应链（尤其是库存和订货）的专业能力，那么各个分公司在销售指标的压力下，必然会造成各地分公司的库存金额居高不下，而且最可怕的是，其中还积压了很大比重的不良库存，这无疑都极大地增加了厂商的经营风险，当然，这还将导致缺货率的提高。

值得庆幸的是，国内大部分厂商都明智地选择了经销商制而不是分公司制，至少在目前厂商总体的经营管理水平下，这是更符合实际的销售管理模式。事实证明，在各个行业中，表现更好的厂商往往是那些采取了经销商制的厂商，比如苏泊尔、九阳电器、乐美文具等。那么，作为经销商来说，帮助厂商执行销售职能就是当前一项非常有价值的工作，经销商承担了帮助厂商管理零售店的日常补货、库存控制、陈列维护、促销执行和监督、价格跟踪、竞争对手信息收集等重任。即便是在现代零售业为主体的渠道环境下，由于在现代零售业处于发展初期，其连锁门店权力很大，总部对门店的控制能力较弱，所以仍然需要经销商像拜访独立的零售店那样逐一拜访各连锁门店。

对经销商和厂商的挑战依然来自零售商。零售商已经开始回收门店权力，并不断强化总部对门店的控制能力。比如，家乐福在2007年成立CCU，就是一种对门店权力回收的手段。家乐福收回了门店原有的促销谈判权力、定价权、部分门店的订货权，以及部分陈列权。可以肯定的是，家乐福还会继续逐步收回门店的其他各项权力。

在现代零售业发展的初期，赋予门店更大的权力以保持各门店的灵活性，非常有利于零售商赢得更大的竞争优势。比如，由于门店的营运人员比总部的采购人员对当地消费者的消费特点有更敏锐的观察，如果门店有订货权，那么他们可以更早地减少或者取消不适宜的商品订单，而增加那些更适合当地顾客的商品。又比如，门店的营运人员比采购能更快地知道周围竞争门店的促销行动，如果门店有定价和促销权力，那么他们可以马上采取相应对策，以抗衡竞争门店的竞争行为。

中国市场不仅规模巨大，各区域的消费差异也非常大，这就要求零售商的各连锁门店必须更加灵活，才能更好地满足当地市场消费者的需求。但是当零售商的门店数量增加到一定程度时，门店权力过大的弊端就会被逐渐放大，最终超越门店权力大带来的好处。例如，连锁门店数量增加过多，会使优秀的营运人才相应短缺，那么他们就无法更有效地使用手中的定价、订货、陈列、促销等权力，与竞争对手抗衡而赢得顾客，这样反而不如总部或者区域总部内更专业的采购人员根据销售数据和市场调查结果，采取的营运决策。另外，在门店数量非常多的情况下，门店权力过大，毫无疑问会导致各门店的管理失控，从客观上增加了门店营运人员产生不良行为的机会。

因此，连锁门店权力过大只是零售商在特定市场时期的一个过渡手段而已，并不是一成不变的核心能力的体现。像家乐福在全球各个国家的门店权力就各不相同，他们根据各个国家不同的市场环境赋予门店不同的权力。当零售商的门店数量增加到一定程度时，零售商势必会收回门店的各种权力，就如沃尔玛一贯的营采管理模式，门店只是严格执行总部的各种政策，比如订货、定价、促销、陈列等，其工作核心变成了为顾客提供更为优质的服务，以及防止店内商品损耗。

零售商收回其连锁门店的各种权力之后，作为供应商来说，其实已经没有必要像过去那样花费太大的精力拜访各个连锁门店了。零售商在总部统一经营管理之下，各个连锁门店接受配送中心的送货，即便某些门店出现了库存问题，供应商也是与零售商总部的采购人员沟通，而不是门店；按照采购人员提供的陈列图摆放商品；门店营运人员无权调整商品的价格；促销计划和陈列位置都有采购人员确定。因此，在拥有正常管理能力的零售商中，其各个连锁门店只是严格按照总部的要求执行，他们不会也没有必要对总部的各种要求随意进行变动。那么，供应商保寺原有的销售职能的必要性就大大降低了，在我的另一本书《货架上的战役》中，有一部分是专门讨论厂商营销组织中的销售团队职能弱化问题的。换句话说，不管是厂商还是经销商都没有必要耗费更大的精力来从事以前的销售工作了，因为零售商会将这些工作做得越来越好，而且零售商当然会将这些问题视为其内部问题，而不是供应商眼中的市场问题。

当然，供应商也还有必要经常走访零售商的连锁门店，不管是厂商还是经销商，原有的销售工作的重心逐渐变成了指导和协助零售商的连锁门店更好地执行各种营销计划，比如促销计划的执行、新品上架、库存建议等，当然厂商更应当不断了解货架上竞争对手的各种信息。供应商今后的销售工作主要是监督零售商各个连锁门店的营销计划执行情况，以及发现新的市场问题，然后将这些情况转达给厂商的客户经理们，他们再与零售商的采购人员进行沟通，督促门店更好地执行营销计划，并根据市场情况及时做出调整。

由于零售商逐渐收回了门店权力，经销商不再参与零售商的谈判，那么经销商的客情关系能力自然也就丧失了原有价值。伴随着门店权利的回收，零售商的管理也日趋规范，零售业的集中化发展（在每个区域市场上，最终会只剩下少数几个大型零售商，关于这个话题《货架上的战役》中有详细讨论）也有利地推动了零售商管理规范化的进程。优秀的零售商购并落后的零售商会飞跃式的提升落后零售商的管理规范水平。显然，零售商在逐渐扫除了采购和门店营运人员的腐败土壤之后，经销商的客情关系能力也就无从发挥了。

四 零售商建立配送中心使经销商丧失了物流职能

物流职能是经销商赖以生存的基本职能，但是当零售商陆续建立起配送中心后，它也已经到了被逐渐削弱的境地。零售商建立配送中心是大势所趋，厂商的直供模式和经销商的配送中心并不能打消零售商这个念头，零售商不会将所有产品和分类的供应链效率提高的重任全部交给厂商和经销商来做。不管是在哪个国家的市场上，各个分类中的厂商和经销商的供应链管理水平和发展意愿都不尽相同，尤其是在中国市场上，大多数厂商和经销商还没有供应链管理的意识和专业能力。即便某些厂商和经销商具备了供应链管理能力，率先建立了自己的配送中心，但是从零售商的角度来看，这只能为他们在几个厂商的产品或者几个分类上提高供应链效率。而对于零售商，尤其是经营分类较多的大卖场以及诸如电器专业店、建材专业店之类的大型专业零售商来说，某些厂商和经销商的配送中心只是杯水车薪而已，零售商需要的是在其经营的所有分类中提高供应链的效率。

比如，摩托罗拉公司可以为国美、苏宁等电器专业零售商成立单独的配送中心，以加快其产品到达零售商各个连锁门店的速度、保证产品的完整性。但是对于国美、苏宁等零售商来说，他们不仅销售摩托罗拉的手机，还要销售诺基亚、三星、索爱等其他品牌的手机，国美、苏宁等并不能肯定其他手机厂商也能像摩托罗拉那样建立专门的配送体系，因此为了保证整个手机分类乃至所有分类的高效物流，国美、苏宁等无疑还是要成立自己的配送中心。也就是说，零售商一般不会因为某个厂商或者经销商建立了优秀的配送中心，而放弃建立自己的配送中心的想法。

因此，当零售商的门店数量多到一定程度时，建立配送中心就可以迅速提高供应链效率了。例如家乐福到现在还没有建立配送中心，其实最根本的原因就是出于对门店数量还不够多的考虑。像沃尔玛那样在门店数量不够多的情况下就建立配送中心，其实也是从战略上的考虑，他们愿意在承担高成本的前提下，尽量降低门店的缺货率。更有战略意义的是，当沃尔玛的门店达到预期的数量后，其因预先建立配送中心而获得的更低的缺货率和运营成本优势将会比那些先发展门店后建立配送中心的零售商更快地转变为价格优势。不过从目前来看，沃尔玛的配送中心并没有达到降低门店缺货率的目标，甚至反而增加了各门店的缺货率。看来任何事情都一样，为了未来的利益必须承担短期的损失，而为了短期的利益必然会带来未来的损失，谁能更好地平衡长期和短期利益，谁就能成为最终的赢家。

零售商建立了配送中心之后，围绕零售商所发生的物流环节也随之发生了改变，形成了两个关键环节，即厂商将产品送至零售商的配送中心，然后零售商再将产品送至其各个连锁门店。那么，以较小的区域市场和独立的城市为主要分销范围的传统经销商，其物流功能就受到了很大的挑战，零售商和厂商不再需要他们将产品配送到当地的门店了，厂商可以利用第三方物流公司将产品送至零售商的配送中心，零售商也可以借助专业的第三方物流公司将产品配送到各个连锁门店。

实际上，前面提到的宝洁的经销商改革正是传统经销商失去物流职能的典型案例。宝洁公司作为全球最优秀的消费品公司之一，他们预测到在中国市场上零售商将逐步建立配送中心，经销商将随之失去其原有的小范围市场的物流职能。因此，宝洁为了推动其经销商更适合未来的零售环境，采取了减少经销商数量，扩大剩下的经销商的分销范围的策略。这是一个聪明的渠道变革，由于零售商每个配送中心所能覆盖的门店数量是固定的，比如沃尔玛宣称其配送中心在中国可以服务周边100家连锁门店，而100家门店一般是分散在一个较大的区域市场上，如华东、华北、华南等，因此，只有能够覆盖到整个较大区域市场的经销商才能转型帮助零售商的配送中心送货。这是宝洁公司帮助经销商在失去了原有小范围的物流职能后，通过升级改造能够具备提供较大市场范围物流的能力，这是零售商所需要的。当然，宝洁渠道改革的背后也有提升现有经销商利润的目的，通过减少经销商数量，使剩下的经销商获得更高的利润，以提高经销的积极性。

在现阶段，有一种情况限制了零售商对经销商物流职能的冲击，而使经销商的物流职能还能继续发挥作用。不管是从厂商到零售商配送中心的物流，还是从零售商的配送中心到达各连锁门店的物流，专业的第三方物流公司都能很好的完成任务，但是第三方物流公司并不担负库存控制和订单管理的任务。厂商的成品仓库、零售的配送中心和各连锁门店的库存是否合理，零售商的每张订单是否符合门店的销售趋势等，第三方物流公司还没有责任和能力解决。而在现阶段，大多数的厂商也不具备专业的供应链管理能力，他们也无法保证库存的合理性，以及订单的准确性。

经销商在库存和订单管理方面毕竟积累了一定的实战经验，而且这也是他们的利益所在，因此经销商仍然可以在这方面弥补厂商的不足。在这种情况下，厂商只能硬着头皮顶住零售商的压力，坚持使用经销商为其负责物流职能。不过这仍是权宜之计，随着零售商的压力越来越大，厂商所承担的来自零售商转嫁过来的缺货和高库存的危害也越来越多，厂商也不得不努力提高其库存和订货管理能力，以便尽快配合零售商的供应链策略，因此经销商失去其小范围的物流职能是必然的趋势。

五　零售商抬高进店门槛阻挡了需要经销商的中小厂商

对于很多中小厂商来说，现代渠道渐渐远离他们而去，面对这种局面，他们无力阻挡，其中中小厂商在品牌、产品开发两方面无法与大型厂商抗衡，是导致他们面临退出现代渠道风险的主要原因。首先，一般情况下中小厂商的品牌对消费者吸引力很低，因此无法构成较大的销量，而零售商要求合同费用年年上涨或者供价年年降低，那么较小的销量无法像拥有更大销量的大型厂商那样有效分摊与超市的合作费用，并依靠更大的生产量抵消供价的降低。同时，零售商的陈列原则也沉重打击了中小厂商的产品，为了减少缺货，零售商总是给予销量更大的商品以更大的货架空间，而更大的货架空间又为这个商品带来了更大的销量，这里体现出的马太效应对中小厂商非常不利。

其次，中小厂商往往是靠几个产品立足于市场，他们持续的产品开发能力与大型厂商相比还相差甚远。但在零售商的压力下，任何一个产品的零售价格总是在以较快的速度下降，也就是产品的生命周期越来越短。那么缺乏持续的产品开发能力的中小厂商在与零售商的合作中，必然会比大型厂商更快地陷入不赢利的境地。

零售商迫使中小厂商难以在其货架上生存，对于经销商来说同样不是一个好消息。经销商的各种传统职能对中小厂商来说有很大的需求，换句话说，中小厂商为经销商的继续生存提供了一定的机会。除了经销商最基本的物流职能、销售职能、营销职能、资金提供职能以外，经销商的客情关系，以及经销多品牌的优势，也使他们有可能向零售商争取到更低的合同费用，也有利于以更低的代价争取到各种促销支持和货架空间等。现代零售业的发展逼走了众多的中小厂商，使经销商也失去了最后一个发挥传统职能的机会，零售商成了传统经销商的噩梦，那么经销商未来的出路到底在哪里呢？

在讨论现代零售业剥夺经销商的传统职能时，我们并没有提及以麦德龙为代表的会员店，其实，他们的实质就是有连锁门店的经销商。虽然麦德龙等会员店与经销商有着同样的批发职能，但是在近几年的国内市场上，会员店还难以有突破性的发展，他们对零售业的影响以及对经销商行业的影响还将微乎其微。这主要是因为中国市场巨大，而且从城市市场到农村市场，消费水平和消费习惯的差异性也非常大，麦德龙等会员店在短期内无法覆盖如此巨大而差异性鲜明的市场。

第三章　零售商率先向经销商发难

一直以来，经销商被厂商看做是自己的销售渠道，当然被厂商看做销售渠道的还有零售商，只不过零售商在变强大后，某个零售商甚至可以被看做一个单独的渠道了。在销售渠道中，是否依靠经销商分销产品，其决定权毫无疑问是掌握在厂商手中的。比如，在国内各个消费品行业中，几乎都同时存在着经销商分销模式和厂商的销售分公司模式，而且至少目前看起来，他们运作得似乎都很成功。经销商模式弥补了厂商管理能力和专业能力的不足，但是却妨碍了厂商为零售商提供更加快速而有针对性的服务；分公司模式可以为零售商提供更贴身的服务，但是如果厂商管理能力和专业能力不足的话，最终将导致库存和市场的失控。

但是在经销商面临的这次冲击中，率先发难的却是零售商。零售商在占据了供应链中的强势地位后，他们有能力通过厂商来变革各个消费品行业的销售渠道结构。在适当的时机，零售商会逐渐要求各个消费品行业中的厂商取消经销商这个中间环节，而将节省下来的利润让利给消费者。对于经销商来说，与原来厂商控制下的渠道变革不同的是，在零售商的压力以及厂商为了保持和争取行业中的竞争优势的共同作用下，经销商失去的不仅是行业中某几个厂商，事实上要残酷得多，经销商将失去几乎整个行业中的厂商。换句话说，零售商发动的这次渠道变革将会使传统经销商失去在供应链中生存的价值。

一 现代零售业的发家史

现代零售业①的发家史，实际上就是一个不断获得低价的历史，或者说，现代零售业的产生正是建立在发现了能够创造更低价格的经营方式，即自选式购物和连锁经营。如果从超市内部的经营管理来看，自选式购物方式就不仅是满足了顾客对自助式购物方式的需求，而且也是超市降低内部管理成本的一个突破性手段，人力成本一直就是超市运营总成本（不包括商品成本）中最大的一部分。同时，人力成本总是呈现一种必然增长的趋势，只要一个国家的经济在增长，那么人力成本必然会随之增长。当现代零售业开始以连锁的方式进行经营时，这些零售商们又掌握了进一步降低价格的方法，即向上游的厂商和经销商施加压力，挤压他们的利润空间而让利给消费者。

因此，不断创造低价是现代零售业一个本质表现，也是零售商们不懈追求的目标。宜家的创始人英格瓦·坎普拉德曾在《一个家具商的遗嘱》中告诫他的员工：要不遗余力地追求低价，与我们的对手保持明显的价格差异是绝对有必要的。那么，沃尔玛的"天天低价"、家乐福的"超低售价"，以及特易购（Tesco）为了赢得顾客对其低价的认同，而在货架上放置两个价签，一个是自己的一个是竞争对手的，这些都是他们对追求低价的不同表现。换句话说，零售商会有多种形式和手段创造低价，而且创造低价也存在着一个不宜逆转的基本顺序。

首先，零售商创造低价的第一步往往是压缩其经营成本，这实际上是一个经营形式上的革命，通过经营形式的改变可以使零售商在经营成本上突然超越其他竞争对手。德国的阿尔迪折扣店比家乐福、特

---

① 本书对现代零售业的讨论不包括百货业态，以及那些高端品牌的专卖店。

易购等超市为顾客提供的价格更低，主要是依赖其经营模式创造的低运营成本。比如，阿尔迪比一般大卖场提供的商品分类较少，因此顾客有可能买不到宠物食品、鲜肉制品或者手工工具等；而且在阿尔迪销售的商品分类中，可选择的商品也比较少，如果大卖场有 10 个品牌的卫生纸，阿尔迪则可能只有两个品牌，充实在超市货架上更多的是其自有品牌商品，以及那些有着更低价格的不知名品牌。在阿尔迪的超市中只有 700—1400 个单品（SKU），但是欧洲的大卖场一般会达到 17000 个单品，而沃尔玛则有 10 万个以上的单品。当然，通常情况下，阿尔迪超市的面积要比大卖场小。

减少分类和单品数量只是阿尔迪降低经营成本的一种方式，他们还在其他经营领域进一步降低成本。比如，大多数商品都堆在运输纸箱中，而不用逐一将商品摆放到货架上。像软饮料这样的商品则不会放在货架上，而是直接将放满软饮料的纸箱放到木盘上。顾客在结账时一般要等候较长时间，因为阿尔迪有时只开放两三个收银台。顾客在每次购物时往往还要带上自己的纸袋或者是零钱，因为使用阿尔迪的纸袋、塑料袋和购物车都需要顾客单独花钱。

当然，零售商降低经营成本不是一次性的革命工作，而是日常经营中的一项持续性工作。比如，宜家曾在 2002 年压缩其经营的商品数量，从 17000 个压缩到 10000 个，后来这一数据又持续下降。因为宜家在日常经营中发现，每一件新添加的商品都会把经营管理逻辑变得更复杂因而增加了成本。另外，宜家发明可拆卸家具的起因并不仅是满足顾客喜欢自己动手安装家具的爱好，其实是为了节省家具在运输中的成本，可想而知，一个装配好的书桌所占的运输体积，与拆卸后的书桌部件所占体积的差异有多大。在日常的生产和运输实践中，宜家一直关注每件家具的拆卸方法是否有进一步改善的机会，从而不断降低成本。

其次，零售商还会考虑在日常的超市管理当中，如何持续降低其内部管理成本，而为顾客创造更低的商品价格。沃尔玛初期的成长是一个最生动的例子，当沃尔玛开第一家超市时，美国已经有很多大型的连锁超市了，他们的经营模式也没有什么革命性的创新，因此从经营的角度来看，沃尔玛不具备任何可以支持低价的有利条件。但是沃尔玛之所以能够成长为全球零售业第一，与其始终坚持的降低管理成本有着直接的关系。

沃尔玛创始人萨姆·沃尔顿最基本的管理理念就是"节省1分钱就等于赚了1分钱"，任何一个成本控制的小主意都会马上被推广到沃尔玛的全球门店中。沃尔玛坚持持续的管理成本控制，因为在零售业成本控制并不是一成不变的。比如，沃尔玛的商店经理如果因某种原因没有完成上周的销售指标，那么他们会竭尽全力完成工资预算的指标，因为沃尔玛认为工资预算是销售中很重要的一部分。很显然，如果一家门店的销售指标没有完成，那么为了完成利润指标就必须控制门店的运营成本，而工资是超市在经营中可变动的成本，也是运营总成本中最大的一部分。

其实，经营成本的控制是比较容易学习和借鉴的，而超市管理成本的控制却很难学习。经营成本的控制往往代表了一种与众不同的零售业态或者极具特色的经营方式，而零售商当然会将这些方式都尽量让顾客感知到，因此经营成本的控制一般情况下都能在卖场看到，当然也就很容易学习了。但是管理成本的控制往往是建立在企业文化的基础上，如果零售商能够在管理成本的控制上有更加卓越的表现，他们必然使超市的每一位员工的身体中都流淌着成本控制的血液。

显然，建立起全体员工的成本控制意识，需要企业领导者具有强有力的意志，以及多年持之以恒的引导积累。即便不从企业文化的角度去考虑，培养全体员工具有成本控制意识也需要一个较长期的过程，而且由于零售商的利润率远远低于一般的制造业，更低于诸如房地产、金融、IT业等，因此，零售商卓越的管理成本控制也是行业所必需的。当商品的进价和售价一致时，两家零售商最终获得的利润或者在具有更低的售价下获得同等的利润，就只有靠更优秀的管理成本控制了。

对于目前国内的零售企业来说，它们在这方面面临着巨大的挑战。现代零售业在某个市场的发展初期，快速扩张是必要的，但是快速扩张往往给企业带来了浮躁的经营管理心态，而这种心态与建立管理成本控制意识或者说企业文化是有着本质上的冲突的。因此，如果国内的零售商不能很好地控制扩张的节奏，或者说，不能协调好短期扩张需求和长期经营需求的关系，就会出现即便拥有众多门店而依然无法赢利的局面。换句话说，即便零售商通过市场份额的力量从供应商那里获得了更低的供价，但是由于管理成本不具备优势，那么他们的供价优势仍无法体现在零售价格上或者是仍然不能赢利。

再次，零售商创造低价首先从内部的经营管理开始是合乎逻辑的，因为当零售商还很弱小时，他们无法从超市的外部争取到更多的机会，但是当他们逐渐壮大时，也就是说，当他们有了众多的门店时，他们创造低价的视角开始投向超市之外了。此时，零售商开始向供应商提出各种要求以降低其经营管理成本，这主要体现在三个方面：第一，要求供应商逐渐降低供价（或者逐渐提高各种合作费用）；第二，将超市的部分内部管理成本转嫁给供应商；第三，整合供应链。

不管是家乐福还是沃尔玛都是挤压供应商利润空间的高手，他们会每年要求供应商降低供价或者提高合作费用，甚至可以这么说，欧美厂商将工厂搬到不发达国家，出现所谓"世界是平的"的现象，正是在以沃尔玛为首的零售商的压力之下形成的。比如，早在20世纪80年代，Levi's公司就关掉了58家美国生产厂，把25%的缝纫机工作转移到了海外；百得是美国一家生产电动工具的公司，成立于1910年，他们现在在美国已经没有工厂了，全部转移到中国、墨西哥、捷克了。这两家供应商都是在沃尔玛直接的压力下才将工厂转移到其他国家，当然由此节省下来的利润空间并没有完全落入他们的口袋，也没有完全落入沃尔玛的口袋，其中很大一部分是让利给了消费者。

零售商为了降低其内部的经营管理成本，逐渐变成了转嫁成本的高手。零售商会将物流费用、实施品类管理的费用、实施顾客调查的费用，以及日常的销售分析等工作都交给供应商做，零售商只坐享其成果。比如，沃尔玛在给供应商解释其"零售链"的用途时，就曾明确表示：由于沃尔玛自身的采购人员太少，而不能照顾到每一个商品，因此需要供应商分析每个月、每周的商品销售数据，并将分析结果提供给沃尔玛的采购人员，以共同解决经营中的问题。沃尔玛的做法实际上是将分析商品销售绩效所耗费的人力成本转嫁给供应商了。

最后，零售商在挤压供应商的内部利润空间的同时，其实还间接地逼迫供应商开始整合其供应链，也就是说，厂商开始考虑如何在供应链的各个环节中降低成本，以应付零售商逐年增加的压力。其中，首当其冲的就是削减供应链中的中间环节，即经销商，如果将经销商原来的利润空间进一步压缩，就成了缓解零售商降价压力的一个手段。对于厂商来说，取消经销商环节，还提高了为零售商提供快速而准确服务的能力。现在，从厂商直接到零售商，在欧美市场已经成为现实。

这就是现代零售业的发家史：他们从控制内部经营管理成本开始，随着其门店规模的扩大逐渐将创造低价的眼光延伸到超市之外，开始挤压整个供应链中的利润空间，尤其是厂商和经销商。不过，对于厂商来说，损失的是利润，对于经销商来说，损失的是其原有市场职能的消失，或者说是他们在供应链中的地位。

二　消费者是最终受益者

零售商在对低价的追求过程中，消费者是最终的受益者，当然这也是零售商低价的目的所在。作为消费者来说，以更低的价格买到同样的产品、同样的品牌，这当然是他们希望实现的。尤其是那些不可或缺的日用消费品，现代零售业的低价运动，使消费者节省了很多在日用消费品上的花费，那么节省下来的钱可以花在其他的领域，比如教育、旅游、其他的个人爱好等。

比如，在 1974 年的德国，宜家以相当于 82 欧元的价格出售一种叫"伊娃"的寄存架，而在 2004 年，同样的产品只要 69.5 欧元，降低了 15％，如果考虑到 30 年中工资和薪酬的变化，那么这一降价比率会更高。在 1974 年，一名工人要工作 17.5 个小时才能买下这个架子，而 2004 年，他只要 4.5 个小时便能赚到这笔钱。宜家不仅使更多的消费者买得起更漂亮的家具，而且也节省了消费者购买家具的花费。

现代零售业极力创造低价，是与消费者的消费趋势相吻合的。在欧美国家，甚至在某些中等发达城市中，消费者正在逐渐走向两种极端的消费趋势：首先，愿意花更多的钱在高端产品和服务上，比如消费者个人喜欢的服装、运动鞋、旅游、听音乐会等，这些产品和服务极具品质，甚至是品位，在购买这些产品和服务时，消费者几乎不考虑价格问题；然后，消费者在购买大多数的日用消费品时，对价格斤斤计较，因为对于这些日常生活必需品来说，他们只需要在有品质保证的前提下，购买产品的基本功能即可，漂亮的包装、复杂的功能、名气很大的品牌代言人，难以诱使消费者多花钱。

零售商们正是在有意无意中迎合了消费者的消费趋势。很显然，超市中销售的产品大都是日用消费品，而不是那些具有高品质的高端品牌和奢侈品，因此，零售商在经营管理中不断创造低价，确实是符合了消费者对日用消费品的低消费趋势。那些对零售商大打价格战的指责，实际上是对消费者的消费趋势和零售业的竞争环境缺乏了解，低价确实使超市顾客盈门。只不过零售商的低价应该是建立在卓越的经营管理和不断创新的基础之上的，这样的零售商是值得赞扬和学习的。应该批评的是那些在损害自身利益、供应商利益，甚至是顾客利益前提下产生的低价的零售商。

即便是当前全球的零售业之星——塔吉特，虽然他们宣称自己为顾客提供的是高品质和带有个性设计的商品，其价格也确实要高于沃尔玛。但是这不能说塔吉特就没有创造低价的愿望，他们所倡导的只不过是建立在新的品质或者价值平台上的一种低价而已。换句话说，虽然塔吉特的商品不比沃尔玛更便宜，但是他们两者的价格是不能互相比较的，塔吉特所追求的是在确定的品质等级上要比其他零售商销售同等品质的商品其价格更低。

三 传统经销商失去了获得利润的基础

现代零售业持续的低价运动，在给消费者带来实惠的同时，却逐渐给供应商施加了更大的压力，或者说，消费者从零售商那里得到的低价大部分是来自于供应商效率的提高，甚至是其自身利润的损失，其中受到影响最大的还是经销商。

零售商在结束快速扩张阶段之后，正如前面讨论的，他们开始寻求在其内部的经营管理中降低成本和提高效率，从而创造更低的商品价格。在国内的零售市场上，很多大型零售商几年前已经开始着手提高自己内部的经营管理水平了，只是可惜的是，多数国内零售商并没有像他们快速扩张门店那样，在经营管理水平提高上获得成功。随着零售商逐渐收回门店权力，并建立配送中心，经销商所提供的传统职能逐渐消失了，比如产品分销、营销职能、销售职能、部分物流职能等，那么经销商在执行这些传统职能时所应得的利润也就失去了继续获得的合理性。

此时，在区域市场上具有更大市场份额的零售商也占有相对于供应商更大的强势地位，他们开口向厂商提出取消经销商环节的时机成熟了。比如，在2006年，一家大型的外资零售商就曾与国内一家大型的电器制造商进行过初步的试探，他们问这家厂商为什么通过经销商给他们供货，而不是直接与他们的超市合作。

但是除了沃尔玛，几乎其他的所有零售商并不会强行要求厂商取消经销商，沃尔玛不遗余力地建立配送中心，及其优秀、强大的"零售链"系统，使他们强迫厂商取消经销商的要求变得合情合理。厂商往往是在零售商每年降低供价或者提高合作费用的压力下，并在用尽了其内部提高效率和降低成本的机会后，开始考虑其销售渠道中的经销商环节的。毕竟零售商施加的压力是厂商变革销售渠道的外因，所谓内因决定外因，厂商变革销售渠道的真正动力还是来自于其行业中的激烈竞争，而零售商的强势地位加剧了厂商行业内部的竞争，或者说是，零售商恰恰利用了厂商行业内部的竞争。

在同一个行业中的厂商，他们的产品和品牌被同时放到零售商的货架上，为了在货架前赢得更多的消费者，厂商在品牌塑造、定价、促销等各方面竞相展示自己的优势，其中产品的价格仍是促使消费者决定购买的关键因素。尤其是在同样的品牌价值和产品质量的前提下，除了那些对某品牌有着强烈忠诚度的消费者（正如前面讨论的消费者的两个消费趋势，消费者在选购日用消费品时，更关注同等品质下的价格，其实这也就弱化了消费者对品牌的忠诚度，这个话题在适当的时机我会在以后的书中讨论），大多数消费者还是会被低价所吸引。

因此，厂商为了在保持质量，甚至提高质量的情况下，不断降低价格，在其内部改善机会耗尽后，也必然走向提高其销售渠道的效率或者降低渠道成本的道路上来。而且，在其他条件同等的情况下，同行业中的某厂商率先取消经销商环节，而直供超市，那么他们也就能够首先在价格上实现突破。这里有一个基本的前提是，正常经营的零售商是不会将取消经销商而节省下来的利润空间据为己有的，因为零售商也要面临自己行业内的激烈竞争，零售业之间的竞争更是赤裸裸的价格战。换句话说，率先取消经销商环节的厂商以及与其合作的零售商都能够在自己的行业竞争中率先获得竞争优势。

如此看来，取消经销商环节，是在零售商的压力之下，厂商为了赢得行业内的竞争优势而采取的相应的市场策略，传统经销商的命运就是在零售商和厂商达成的默契下改变的。当然，厂商为零售商直接供货，不仅是带来了价格的进一步降低，还使他们之间的合作更加顺畅和高效，使厂商能够更快地响应零售商的需求，也就是更快地响应市场上消费者的需求，这为零售商和厂商双方进一步带来了市场优势。这也是厂商与零售商建立战略合作关系的基础，很难想象，通过经销商与零售商合作的厂商，如何与零售商建立真正的战略合作关系。

四 厂商在渠道变革中的风险

确实，当零售商的销售规模逐渐扩大，以及其内部经营管理得到提高后，在同行业中率先取消经销商的厂商会在价格上取得突然性的优势，并因此可能会快速扩大市场份额。但并不是说当零售商准备好淘汰经销商以后，各个行业中的厂商就可以马上响应零售商的召唤，争相获得由此所带来的价格优势。在当今的国内市场上，在取消经销商的大潮来临之际，厂商取消经销商的行为应该慎之又慎，尤其是国内的厂商。

只要看看在国内经营的跨国消费品公司的表现，对于他们在此问题上的谨慎态度就会略见一斑了。在各个行业中，那些跨国消费品公司并没有一致取消经销商，其中有很多依然在扶持和依靠经销商与零售商合作，比如宝洁、雀巢等。在排除每个企业特殊的内部策略、经营理念等之外，外部的市场环境是导致他们采取不同渠道策略的关键因素。

　　这些跨国消费品公司在欧美市场上早已取消了经销商，但是在中国市场上仍然依靠经销商与零售商合作的外资厂商看到，在中国经营的零售商们并没有完全准备好取消经销商环节，比如中国的很多零售商的门店数量太少，无法发挥其配送中心的作用；大部分中国零售商的经营管理水平太低，而无法有效取代经销商原有的各种传统职能；甚至像诸如家乐福这样的跨国零售商也还没有准备好取消经销商环节。因此，从当前整个中国零售环境来看，零售商还没有准备好取消经销商环节，那么厂商当然无法放心取消经销商环节，而使经销商原有的职能落入无人负责的境地。在零售商没有准备好时，如果厂商单方面取消经销商，还会在财务上出现运营成本增高的不利局面，也就是说，采用分公司模式会比采用经销商模式的运营成本更高，那么也就无从谈起降低价格的问题了。

　　其实，有些跨国消费品公司没有取消经销商，还有另一个顾虑，或者说是没有解决的问题，这就是他们自身的能力。取消经销商后，在厂商和零售商之间只剩下物流公司了，而物流公司显然不具备订单控制和库存管理的职能，虽然管理订货和库存是供零双方共同的责任，但是零售商往往依靠其自身的强势地位将订货和库存中的风险转嫁给厂商。

　　也就是说，当取消经销商后，对零售商的订单控制和库存管理的责任就落到了厂商的头上，当厂商分布在各地的销售人员每天面对十几张超市的订单，而每张订单又有几十个单品时，他们如何保证每张订单中每个单品的订货的准确性呢？他们又如何控制自己的库存没有逐渐增加，以及库存结构始终处于合理状态呢？

因此，当厂商考虑取消经销商时，不仅要考虑零售商是否准备好了，还要考虑自己的企业是否具备了相应的能力，即管理订货和库存的能力。管理大型零售商的订货和库存，要比管理经销商和夫妻店的订货和库存复杂得多，如果由于订货和库存出现问题而增加了缺货率，那么零售商会毫不留情地将货架空间留给竞争对手，如果零售商发现其库存过高，他们也会马上要求厂商退货。总之，对大型零售商的订货和库存管理，不仅复杂程度高，而且其不良后果也往往是由厂商来承担。

对于很多国内厂商来说，目前正面临着一场潜在的危机，如果国内大多数零售商已经准备好取消经销商，而厂商没有在管理订货和库存能力上准备好，那么这些厂商的市场份额就会在顷刻间被同行业中的其他厂商，尤其是那些管理能力卓越的外资厂商所夺取。到那时，即便这些厂商强势取消经销商，那么最终仍然会在缺货率上升和库存成本逐渐增加的境况下，丧失市场份额和利润。

订货和库存管理能力的提升并不是轻而易举的，厂商需要经历一个较为长期的改善周期才能保证其各个分公司具备优秀的订单和库存管理能力。另外，与管理销售型分公司一样，厂商还面临着一个问题，即总部如何掌控各地分公司。由于各地分公司拥有了处理订单和仓库管理的职能，因此使总部对分公司的控制发生了本质性的变化。各地分公司的销售人员实际上变成了一个经营人员，他们不仅要考虑销售和客户问题，还要考虑自己的库存，那么他们就不仅影响到了整个公司的销售额，还影响到了公司的整体经营成本，也就是利润。这无疑又增加了总部对分公司的控制难度。

不管怎么说，零售商一直在推动着取消经销商这一天的到来，而且在国内市场上，这一天也确实越来越近了，很多国内厂商从现在起就应该加倍重视自己订货和库存管理能力的提升，为这一天的到来早做准备，未雨绸缪才不至于在这次变革中被淘汰。毕竟在当今的市场环境中，不仅是厂商拥有的品牌在影响着消费者，零售商掌握的货架空间对消费者的影响更是越来越大。

第四章	传统经销商的倒计时

　　经销商的传统职能逐渐被弱化直至消失，是市场发展的历史必然。传统经销商慢慢消失在供应链中，是现代零售业拥有了供应链中的强势地位后，在不断创造低价的过程中产生的衍生效应。其实，这种趋势确实也代表着市场的进步，它使产品到达消费者眼前的过程变得更加高效和低成本，最终在保证消费者随时能买到他们希望购买的商品的同时，还大大降低了消费者的总体花费，当然，其代价是传统经销商退出供应链。

　　由于国内市场处于快速发展中，不管是零售业还是各个行业中的制造业都处于巨大的变化之中，因此各个行业中的传统经销商所面临的压力不尽相同，换句话说，各个行业中的传统经销商不会在相同的时期消失，不同行业的经销商有着各自不同的退出时间表。**当然，这个时间表并不是由经销商自己控制的，而是现代零售业的发展、所经营行业的自身特征，以及行业中厂商的经营管理水平所共同决定的。**在各个行业中传统经销商的退出时间表的大框架下，如果具体到某一个经销商的退出时间，毫无疑问还将依赖于经销商经营者的主观决策。

　　在中国各个行业的供应链发展过程中，现代零售业的发展状况、厂商的经营管理水平和策略，都存在着很大的变数，也就是说，现代零售业对各个行业的影响，以及各个行业中厂商的平均经营管理水平，甚至于单独某个厂商的营销策略都千差万别。因此，我们讨论在各个行业中传统经销商的退出时间表和改变的时机，不仅对经销商自身的发展，而且对整个供应链的健康有序的发展也更有意义。

对各个行业中的传统经销商退出时间表进行讨论，离不开对各个行业中的厂商和零售业态发展的讨论，那么也会对厂商甚至零售商在供应链变革时期的行为和策略提供一定的指导建议，这同样有助于供应链的健康发展和演变。其实，这正是本书所要讨论的重点，单纯指出传统经销商必然会消失几乎没有任何具体的指导意义。

一 评估现代零售业的发展现状

基于我们前面的讨论，传统经销商的生存空间逐渐被挤压，主要是源于现代零售业的发展，因此在讨论传统经销商退出供应链的时间表时，当然要首先从评估现代零售业的发展状况开始。也就是说，评估现代零售业在经销商所在区域市场上的市场份额和经营管理水平，以及在短期内可以预见的发展趋势，当地市场的现代零售业在这三个方面的表现都影响了经销商的剩余生存空间。

在开始讨论如何评估当地的现代零售业之前，还需要再回头看看现代零售业的含义。现代零售业与传统零售业之间最大的区别在于连锁化经营，正是由于传统零售业不具备连锁经营的特征，使他们根本没有力量影响经销商的生存空间，更不用说影响整个供应链的发展了。现代零售业连锁经营最大的特点是零售商在具有大量的门店后，可以实施商品的集中采购，从而使其拥有了由于巨大采购量而带来的谈判力量，可以从供应商那里赢得更低的供价。同时，零售商在拥有了足够多的门店后，可以建立配送中心，以尽量减少各门店的缺货，并降低超市的总体库存成本。正是由于现代零售业具有了连锁经营的特征，才使得他们有能力对供应链结构以及经销商的生存空间发起挑战。

对现代零售业在各地市场上的整体表现进行评估是没有任何意义的，因为现代零售业存在着多种业态，比如大卖场、标准超市、便利店、生鲜超市、电器超市、数码超市、建材超市、宠物食品超市等。很显然，不同的零售业态对不同的行业有不同的影响，比如，大卖场对包装食品行业影响最大，生鲜超市对蔬菜行业影响最大，电器超市对家电行业影响最大，等等。因此，首先对零售业态的区分和不同含义进行简单分析是非常有必要的，它是评估现代零售业对当地市场上各个行业供应链影响的基本前提。

对零售业态的划分有多种方法和角度，在此我们只从评估现代零售业对传统经销商生存空间施加影响的角度进行划分，依此可以将现代零售业划分为大卖场、专业超市（以经营某几个分类为主的连锁超市，比如电器专业店、数码专业店、个人护理用品专业店等）和无门店超市（比如网上超市、目录直销、电视购物等），这种划分使我们能够达到对不同行业中的经销商剩余生存空间分别进行分析的目的。因为从零售商的角度来看，这三大零售业态竞争的关键正是各个分类，从供应商的角度来看，也就是各个行业，因此这三种零售业态在各地市场上的不同表现，恰恰反映了他们对当地市场上不同行业的经销商施加压力的程度。

那么以上三种零售业态是如何争夺各个分类或者说各个行业的呢？其实在竞争分类中起决定性作用的，是以上三种零售业态满足消费者在购买某分类商品时的购买习惯和消费趋势的能力，这受到消费者在购买不同分类中的商品时，具有的不同购买习惯和消费趋势的影响，我们以办公文具分类为例进行分析①。这里有一个前提，由于在

---

① 此案例曾用于《销售与市场·营销版》2008 年第一期刊登的我的文章《零售通路之变与供应商应策》。

不同的市场上各零售业态发展的现状和趋势不同，比如在国内的一级城市中大卖场有更好的发展，而在县级市场上大卖场近几年还无法进入。因此我们以国内一二级市场为例，并分析大卖场、文具专业店、网上超市和目录直销（由于他们都是无门店的超市，所以在此我们将他们作为一种零售业态进行分析，但是如果进一步细分的话，他们是两个不同的零售业态）三个零售业态。

我们先来分析消费者对办公文具分类的消费特征和趋势变化。企事业单位是购买办公文具的主体顾客，他们的行政采购人员根据单位要求和规定定期购买办公用品，我们从三个方面分析企事业单位在购买办公文具时的消费特征和趋势：消费中在购买办公文具时对服务的要求、购买时的现场体验需求、办公文具的产品标准化程度和品牌化程度（我们假设下面讨论的消费特征和趋势是经过调查后的真实情况）。

相对于其他很多分类来说，顾客在购买办公文具时具有更多的附加服务要求。第一，快速结账。由于顾客是代表公司来购买办公文具，他们更关注节省购物的总体时间，希望尽量快地结账，而不是在收银台前等候很久。第二，协助购买过程。由于一般情况下购买办公文具时，顾客购买商品的品种和数量比较多，因此顾客希望超市能够有服务人员帮助他们更快地找到所有的商品，并帮助将这些商品搬到收银台或者汽车旁边。第三，送货。由于办公文具每次的采购量比较大，因此需要有汽车来运输购买的办公文具，而不像购买家庭日用品时，可以自己手提回家。

由于办公文具的购买活动是替公司采购的工作行为，因此对于采购人员来说，与个体消费者购物不同，他们并没有太多的购物乐趣可言，因为这对他们来说，只是一项日常的工作内容而已。换句话说，在购买办公文具时，购买者实际上是在工作，而不是真正的购物，因此他们在购物时的现场体验需求非常少。对于他们来说，能够尽快购买比更好的购物环境更加重要。

最后，办公文具行业已经发展得非常成熟，其产品的标准化程度和市场细分程度都非常高，那么消费者就很容易区分产品的款式、功能等，他们在购买之前就可以在头脑中形成对款式、功能等的选择意向。更重要的是，在办公文具分类中，消费者在购买时已经形成了根据品牌购买的习惯，比如"3M"的办公用品、"APP"的打印纸、"三菱"中性笔等，因此在品牌信誉的保证下，消费者对产品的品质有了与品牌相关联的心理认同。由于各品牌之间已经形成了明显的定位区分，因此消费者很容易根据自己的预算和公司实力来选择相适应的品牌。

接下来，我们再来分析大卖场、文具专业店、网上超市和目录直销三个零售业态，满足以上办公文具分类消费特征和趋势的能力。首先，我们分析大卖场零售业态。大卖场一直是自助式服务的倡导者和实施者，因此他们无法为顾客提供更多的附加服务，他们很难为高买单①的顾客单独开设收银台，并提供专门的服务人员辅助顾客的现场购买过程。即便他们提供了送货服务，也大都是局限在大型电器等商品上。因此，在办公文具分类，大卖场不能更好地满足顾客需要附加服务的需求。

大卖场可以提供更好的现场购物体验，但是由于顾客在购买办公文具时，并不在乎是否有更好的现场体验，因此大卖场的现场体验优势，对于购买办公文具的顾客来说就失去了吸引力。由于大卖场经营非常多的分类，因此留给每个分类的货架空间并不足够多，这会导致他们在办公文具分类中提供的品牌和产品数量较少，而这无法满足企事业单位顾客更多的品牌和产品需求。

其次，我们再看看文具专业店的情况（在此讨论的文具专业店是

---

① 买单是指顾客每次购买的总金额。

指那些以经营办公文具商品为主的连锁超市，而不是那些只经营部分学生文具的路边小店）。其实文具专业店在满足消费者购买办公文具的消费特征和趋势的能力上，与大卖场有着类似的情况。不过文具专业店一般情况下比大卖场能够提供更多的附加服务，他们可以协助顾客的现场购买过程，并提供更加快速的结账以及送货上门服务等。文具专业店的卖场环境一般设计的都非常简单，而这对购买办公文具的专业顾客来说并不会产生什么显著影响，却可以降低文具专业店的经营成本。而文具专业店比大卖场更有优势的地方是，因为只经营文具商品，所以他们可以在超市中销售更多的文具品牌和产品规格，这无疑会更好地满足企事业单位顾客的多样化选择的需求。

最后，再来看看网上超市和目录直销满足消费特征和趋势的能力。由于网上超市和目录直销没有实体门店，他们的经营模式一般是：在收到顾客订单后，按照预定时间将商品送到顾客指定的地方，那么实际上他们为顾客提供了最好的服务，因为他们完全代替顾客完成了结账、购买过程和送货等任务。由于顾客在购买办公文具时并没有现场体验的需求，而网上超市和目录直销恰好取消了实体门店，因此在降低经营成本的前提下，并没有降低对顾客提供服务的能力。一般情况下，顾客在购买办公文具时每次的购买量较大，这使他们在经营成本上能够支撑为顾客免费送货的服务承诺。

由于办公文具行业的产品标准化程度很高，品牌认知度也非常高，使顾客没有必要到实体门店去考察产品的款式、功能和质量等。在品牌价值的保护下，具有强大力量的厂商能够更好地保持产品价格的相对稳定，那么参照网上或者目录中的商品价格完全可以轻松做出购买决策，而无需担心其商品价格是否比其他超市更高。更重要的是，由于网上超市和目录直销不会受货架空间的限制，因此他们可以为顾客提供更多的品牌和商品，这无疑又能更好地满足企事业单位选购文具时的多样化需求。

从以上的分析中我们发现，在这三个零售业态中，网上超市和目录直销零售业态与消费者购买办公文具的消费特征和趋势最吻合。其次是文具专业店，他们为顾客提供了更多更专业的附加服务，以及更多的品牌和商品选择。但是与网上超市和目录直销相比，他们提供的商品数量少一些，而且由于他们具有实体门店而增加了经营成本，使他们失去了一定的价格优势。很显然，大卖场是满足顾客购买办公用品的消费特征和趋势的能力最差的零售业态，他们无法为顾客提供所需要的附加服务，而他们更好的购物环境对于购买办公文具的顾客来说毫无意义，他们在办公文具分类中提供了较少的品牌和商品，这使他们无法更好地满足企事业单位顾客多样化的品牌和商品需求。

　　从以上的案例我们看出，对于办公文具分类来说，大卖场业态最缺乏竞争能力，也就是说，办公文具分类不会在大卖场业态中有更好的销量，当然大卖场业态也不会对办公文具给予更多的重视；网上超市和目录直销在销售办公文具商品时，具有最大的竞争能力，毫无疑问，他们在办公文具分类中的市场份额会越来越大；虽然文具专业店的市场份额会被网上超市和目录直销慢慢侵蚀，但是在短期内，他们还是满足了那些习惯于到现场购买办公文具的部分顾客的需求，因此大卖场的市场份额将会被他们逐渐争夺过来。

　　从以上的分析方法来看，在现代零售业划分业态时，大卖场、标准超市（以销售日用消费品和食品为主的中等门店规模的连锁超市）和便利店的划分方法就没有意义了。因为当大卖场、标准超市和便利店都销售相同分类的商品时，比如饮料、啤酒、休闲食品等，他们之间并不存在直接竞争关系。顾客之所以选择这三种不同的零售业态，更多的原因是出于购买商品的目的不同，比如顾客在大卖场购买调味品时，一般是有计划地固定购买；而到便利店购买调味品往往是在急需时，比如炒菜过程中没有酱油了；顾客在标准超市购买调味品往往是在看到它们时的便利性购买，而不是有目的性的购买。因此，大卖场、标准超市和便利店并没有直接竞争各个分类，他们争夺的只是顾客的购买目的，而这种购买目的往往不会引起分类或者行业的竞争。

大卖场、专业店和无门店超市三种零售业态，在对不同的行业施加影响时，具有不同的能力，因此这就给评估现代零售业对经销商的剩余生存空间的影响，提供了更加科学而实用的方法。也就是说，首先要找出各个行业中的产品销售的主要零售业态，比如在上海，调味品的主要销售零售业态是大卖场，销售瓶装啤酒的主要销售业态是夫妻店，还不是现代渠道，销售小家电的主要业态是电器专业店，销售手机的主要业态是手机专业店等。关于如何评估各个行业所应该选择的主要零售业态，我们在本书的附录中提供了详细的操作方法，在此不再赘述。

那么，在确定了经销商所在行业销售的主要零售业态后，就可以针对这个零售业态在当地市场上的表现进行评估了，评估的结果将会为判断经销商剩余的生存空间提供重要的依据。**在对零售业态的评估中，零售业态在当地市场的市场份额、业态中主要零售商的经营管理水平，以及业态在短期内可以预见的发展趋势，是最关键的三个因素。**

首先，评估经销商所在行业的主要零售业态在当地的市场份额。显然，所占市场份额越大，经销商面临的生存压力就越大。比如，在上海经营办公文具的经销商，其销售的主要零售业态已经由大卖场转变为网上超市和目录直销，而且网上超市和目录直销在上海的市场份额越来越大，这无疑将导致在上海经营办公文具的经销商的生存空间越来越小。事实也证明，在上海经营办公文具的经销商确实被迫不断地转型，比如有些经销商转变为目录直销商或者开网上超市等，还有一些则被迫放弃了经营多年的文具行业，而经销其他行业的产品。

又比如，电器专业店是经营电器产品的主要零售业态，但是在国内很多三四级城市中，销售电器的主要零售场所仍然是百货店和厂商的专卖店，国美、苏宁等电器专业店还没有进入这些市场或者只有一两家门店，而没有占据主要的市场份额。那么，在这些市场上，经营电器产品的经销商就有更长久的剩余生存空间，因为电器专业店在当地市场上还没有发展或者只是初步发展，他们无法给当地的电器经销商带来更大的压力。

其次，评估主要零售商的经营管理水平。即便某行业的主要零售业态占据了很大的市场份额，也并不意味着在当地市场上，此行业中的经销商的生存空间就所剩无几了，这个零售业态中的主要零售商的经营管理水平，是另一个重要的考虑因素。如果零售商的经营管理水平比较低，比如，缺乏订货、库存管理能力，门店权力过大或者门店失控，没有成立配送中心或者配送中心管理能力太低，等等，零售商就不具备向厂商提出取消经销商的能力，那么，经销商就具有更为长久的剩余生存空间。即便厂商率先提出取消经销商的要求，零售商也不敢贸然接受，如果他们在非理性和非科学的情况下接受了，那么很容易导致订货和库存管理的失控，反而增加了商品缺货几率和整个供应链的成本。

在零售商经营管理水平较低时，他们不能获得由于减少销售的中间环节而多出的利润，实际上在规范的市场环境下，他们也不应该获得这些多出的利润。只有那些具备更高经营管理水平的零售商才有能力和资格获得由于优化供应链而多出的利润，这无疑更符合市场的基本规律和原则。而且，零售商的经营管理水平较低必然会体现在其品类管理能力的低下上，因为品类管理是零售商经营管理中最关键也是最复杂的经营管理内容，品类管理能力的不足，将直接导致零售商在商品的选择和管理中对经销商的依赖。因为零售商在其经营管理能力不足时，虽然可以将供应链成本和风险转嫁给供应商，但是商品组合中的缺陷导致的顾客流失，这种损失和风险却只能由零售商自己去承担。

最后，由于国内的零售市场处于快速变化之中，在各级市场上，各个零售业态都在快速发展，新的零售业态层出不穷，另外零售商的经营管理水平也在逐渐提高；因此，在某个区域市场中，当前现代零售业的市场份额还很低或者零售商的经营管理水平很低，但是在未来短期的几年内，也许各个零售业态的市场份额会迅速扩大，某个零售商的经营管理水平也会快速提高。比如，沃尔玛在购并了好又多后，好又多的经营管理水平就得到了迅速提升，那么好又多就有能力改变其原有优势市场的供应链结构。

因此，在评估经销商的剩余生存空间时，还要考虑当地市场上零售业短期内可以预见的变化，比如，大型零售商在当地市场上的开店信息，当地区域性零售商被购并的信息，与本行业相关的新业态的发展状况等。《礼记·中庸》中说："凡事预则立，不预则废"，古训仍然可以指导我们的商业行为，这就是制定经营战略的必要性最古老的依据。经销商作为一个企业，同样需要看到未来的市场变化，利用商业智慧而不仅是机会和吃苦耐劳的品性做生意，这是经销商在思维层面必须要经历的改变。

综上所述，在分析现代零售业的发展对经销商剩余生存空间的影响时，首先要确定经销商所在行业的主要零售业态，才能开始分析此零售业态在当地市场上的表现。然后从以下三个方面评估主要零售业态的表现：此零售业态在当地市场上的份额、业态中主要零售商的经营管理水平，以及现代零售业在当地市场上短期内能够预见的发展趋势。很显然，如果经销商所在行业的主要零售业态在当地市场上的市场份额非常大，其中的主要零售商的经营管理水平也很高，或者说可以预见所在行业的主要零售业态在近几年会迅速发展，以及其中的主要零售商的经营管理水平会快速提升，那么在这个市场上，这些行业中的经销商所面临的来自零售商的压力就会越来越大，其剩余的生存空间也越来越小。

二　评估所在行业的特征

不管经销商是出于什么原因进入了某个行业，经销商的命运都已经由这个行业所注定了，这个行业所具有的特征决定了经销商的利润、资金投入、市场范围、物流条件等。同时，行业特征也影响了经销商所经受的现代零售业所带来的压力程度，换句话说，行业特征对经销商剩余的生存空间也有很大的影响。虽然现代零售业的发展是推动传统经销商退出供应链的最直接的动力，但是零售商的推动力会受到经销商所在行业特征的限制。在行业特征的限制下，在某些行业中，零售商的压力能够完全地传递给行业内的经销商，而在另外一些行业中，零售商的压力被行业特征所阻挡，经销商感受到的压力被不同程度地削弱了。

各个行业的特征千差万别，不一而足，穷其所有特征逐一讨论无法获得我们希望得到的结果，更有效的思维模式是从阻挡零售商的压力这一视角归类并分析各个行业的特征。**从以下四个方面分析行业特征对零售商施加压力的影响，有利于更清晰地判断出各个行业中的经销商所剩余的生存空间：零售商对行业中的产品获得的难易程度、零售商经营行业中产品的难易程度、顾客对行业中的产品的服务要求程度和行业中的产品的物流条件。**

经销商为零售商提供的最重要的价值，或者说，零售商最希望经销商提供的服务，就是零售商需要的产品和品牌。对于零售商来说，获得他们所需要的产品和品牌并不总是一件非常容易的事情，尤其那些中小品牌和中小分类中的产品。但是站在零售商的角度，他们总是希望在自己的超市中为顾客提供更多的商品，不管是提供更多的分类还是在每个分类中提供更多的品牌，因为更多的商品为顾客提供了更加丰富的选择，从而也就增加了顾客对超市的满意程度。

比如，大卖场销售针线、纽扣、园艺用品等分类的商品，虽然这些分类的销量不大，但是它们为超市赢得了商品丰富多样的声誉；同样是炊具分类，那些提供了更多款式和功能的炊具商品的超市，也必然给顾客留下商品更加丰富的印象。另外，更多的商品，尤其是那些来自具有不同定位的品牌的商品，为零售商创造和保留了更多类型的顾客群体。比如，大卖场在饮水机分类中，如果提供更多的低定位的品牌，那么他们就能保留住那些追逐低价的顾客。

在很多行业中，除了几个大品牌之外，往往还存在着一些中小品牌，不过这些中小品牌的生存环境非常恶劣，它们往往是分类中大品牌的眼中钉。但是如果这些中小品牌的产品具有了一定的差异性，或者说，他们的产品为消费者提供了一个独特的利益，那么它们就是零售商希望引进的产品，这些品牌会使超市的商品组合更加完善。对于零售商来说，培养分类中的中小品牌，会有利于他们制衡分类中的大品牌，从而为自己创造更大的话语权。

在每个行业中，市场上存在的品牌数量是各不相同的，有些行业中只留下几个大品牌，而在有些分类中则同时存在着大量的中小品牌。从市场竞争的趋势来看，任何一个行业都会逐渐走向品牌集中，也就是说，行业中的品牌随着竞争会不断减少，最终在市场上只留下几个大品牌，大多数的中小品牌不是被收购，就是被迫退出市场而消亡。但是，在同一个市场时期，不同行业的竞争处于不同的阶段，有的行业已经步入品牌集中的市场阶段，而有的行业还处于初级竞争阶段，市场上存在着大量的品牌。而且，越是在新的区域市场上，各个行业之间竞争阶段的差异就会越大。

对于同一个市场时期的消费者来说，他们并不会理性地考虑各个行业所处的竞争阶段，消费者不会考虑行业中品牌的多少是否合理，他们只是承认看到的行业品牌状况的事实，过去是什么样以及未来几年后会是什么样，消费者不会放在心上，换句话说，消费者只会认为现在存在的就是合理的。因此，身处各个行业中的经销商就不由自主地处于一个行业品牌的竞争环境中，有可能行业中的品牌很多，也可能行业中的品牌已经很少了。

显然，那些处于品牌已经高度集中的行业中的经销商将会感受到来自现代零售业更大的压力。因为在这些行业中只剩下几个大品牌，零售商已经失去了从市场上获得更多品牌的机会了，或者说，零售商已经没有了在这个分类中获得更多品牌的需求了，因此也就不再需要经销商帮助他们寻找更多的品牌。在经过充分竞争后的行业中，剩下的是几个拥有大品牌的大厂商，他们具备更强的资金实力和经营管理能力，这使他们能够响应零售商取消传统经销商的要求，甚至为了进一步赢得行业中的竞争优势，他们完全有能力在零售商之前产生取消经销商的想法。

反之，在那些竞争激烈持续还未达到相对稳定的行业中的经销商，就会有更大的剩余生存空间。因为市场上存在着更多的品牌，激发了零售商对多样化商品的需求，只要市场上存在着其他品牌，零售商总是希望将它们引进超市，那么他们就会要求经销商帮助他们不断引进和选择新品牌，尤其是各地的地区性品牌（在中国市场上，由于各个地区差异非常大，因此区域性品牌大量存在于各地市场上）。另外，在这些分类中的很多中小品牌尤其是厂商实力较弱，经营管理能力也不高，没有能力与那些大型零售商直接合作，因此他们对经销商有很大的依赖性。比如，在学生文具分类中，除了个别几个较大品牌之外，市场上还存在着众多的中小品牌，实际上，除了品牌名称的不同，大多数品牌的产品几乎没有什么区别，那么在这种情况下，零售商可以考虑引进更多的品牌。

在诸如针线、蜡烛、纽扣等中小行业中，由于其市场容量太小而无法吸引大型厂商的进入，因此这些行业中的厂商往往是一些中小厂商，一般也不会形成强大的品牌力量。虽然零售商不会很重视这些分类，但是在超市中销售它们毕竟为顾客提供了更多的商品选择，零售商依然希望引进这些分类的产品，那么这些行业中的经销商就成为了零售商的得力帮手。因此，中小行业中的经销商会有更大的剩余生存空间。与之类似的是，在很多新兴行业中，即便在其他市场上原本就存在着大品牌，但是对于新市场上的消费者来说，新分类中的品牌对他们都是陌生的，因此在新兴分类中也会涌现出更多的品牌。那么，基于同样的理由，在新兴分类中的经销商也往往有更大的剩余生存空间。

对于零售商来说，经营不同行业的产品的难易程度不同。在有些行业，零售商很容易经营，比如食用油、饮料、咖啡、内衣、饮水机、纸杯等；而在有些行业，零售商却难以把握经营方法和技术，比如蔬菜、肉、自制熟食、电脑、手机、文具等。零售商是否掌握了这些经营方法和技术、已经掌握到了何种深度和熟练程度都直接影响其经营绩效。比如，在不同的分类中，如何根据产品的特点、质量和品牌等因素组合产品，如何评估不同分类的质量等级与价格的关系，对不同的分类适合采取什么样的促销形式，对于不同分类的产品应该如何设计陈列原则等等。各零售商之间的经营结果差异，有很大一部分来自于他们各自对不同分类的经营方法和技术的掌握和运用程度。

不同行业中产品的经营方法和技术往往需要经过多年的经营实践摸索而得，不是参加几次厂商的培训就可以掌握的。就如我们懂得了用筷子吃饭是运用了杠杆原理，但在实际操作时并不一定就真的能够将筷子运用自如一样，显然，每个人还需要经历使用筷子的练习过程。因此，零售商在那些经营方法和技术更复杂的分类中，非常需要经销商的帮助。因为在一般情况下，零售商经营的分类众多，他们无暇顾及单独的分类，而经销商经营的分类相对集中，而且经营的时间往往长于零售商（在全球各个国家的市场上，现代零售业的产生都要远远晚于经销商行业），这些都使经销商在行业的经营方法和技术方面高于零售商。

由于零售商逐渐占据了供应链中的强势地位，反而使他们学习行业经营方法和技术的动力不足，因为零售商总是可以将经营失误造成的利益损失想办法转嫁给供应商。总之，在那些需要复杂经营方法和技术的行业中的经销商，往往有更大的剩余生存空间，反之，处于那些经营方法和技术比较简单的行业中的经销商，其感受到的现代零售业的压力会更大。

第三个影响经销商剩余生存空间的行业特征因素是消费者对服务的要求程度，即消费者对购买、安装和使用产品过程中的服务要求程度。这无疑与产品特征有很大的关系，比如，电脑产品往往需要售前的技术咨询服务，橱柜产品需要在现场提供简单的设计服务，家电产品往往需要提供安装服务，大家电产品还需要送货服务，还有些产品需要日常更换配件或者清洗等服务，等等。

对于现代零售业来说，零售商都在极力倡导自助式服务，也就是说，超市不提供更多的服务，而是由顾客自我完成购物过程，因此具有现代零售业特征的零售商们往往无法也不愿意为顾客提供更多的附加服务。那么，在零售商强势的市场环境下，零售商往往将各种服务尽量转嫁给供应商去做。那么，这些行业中的厂商就要承担起为消费者提供服务的重任，毕竟经销商和零售商销售的是厂商的品牌，就如海尔为了营造良好的品牌形象，而为消费者提供更加优质的服务一样。但是面对范围广阔的市场，厂商也需要经销商更多地担负起为当地市场上的消费者提供服务的职能。

如此看来，在这些需要为顾客提供更多服务的行业中，厂商和零售商都对经销商在提供服务方面有更大的依赖性，因此这些行业中的经销商就会有更大的剩余生存空间；反之，在那些不需要提供更多服务的行业中的经销商，其感受到的来自零售商的压力就会更大，不管是厂商还是零售商都没有对经销商提供服务的需求，其实本质上这是由于产品本身不需要为消费者提供附加的服务。

最后一个影响经销商剩余生存空间的行业特征因素是物流条件，即行业中产品的配送和存储等条件。有些产品需要特殊的运输和存储条件，比较典型的是冰激凌、牛奶、火腿肠、速冻食品、盆菜、某些蔬菜和水果等，这些产品需要特殊的冷冻、冷藏车运输，当然也需要相应的冷冻、冷藏库保存。

零售商在经营这些商品时，需要提供专用的冷冻、冷藏展示设备，以及冷冻、冷藏仓库，零售商出于对降低运营成本的考虑总是希望缩小冷冻、冷藏仓库的空间（卖场内的冷冻、冷藏展示设备无法随意减少，因为它们必须为顾客展示更多的商品），这无疑给供应商的配送提出了更高的要求，或者说是增加了供应商的物流成本，供应商不得不提供更多的冷冻、冷藏车辆，甚至是更大的区域性冷冻、冷藏仓库。同样，厂商出于降低物流成本的考虑，在无法向零售商施压的情况下，他们往往希望经销商分担更多的物流费用。

因此，在这些需要特殊物流条件的行业中的经销商，往往有更大的剩余生存空间，也就是说，零售商和厂商要想建立起行业特征所需要的物流条件，必须要经历更长的准备时间，这当然为经销商留出了更大的生存时间；而在那些不需要特殊物流条件的行业中的经销商就会感受到零售商更大的压力，他们在物流方面无法提供厂商和零售商需要的价值。

通过以上分析我们看到，即便几个不同的行业受到了现代零售业完全一样的压力，也就是说，在这些行业中现代零售业的发展是同步的，也会由于各个行业的不同特征，而给这些行业中经销商的剩余生存空间带来不同的影响。当行业中的品牌很多，零售商获得行业中的产品的难度较大，行业需要零售商具有更多的经营方法和技术，顾客对行业中的产品的服务要求程度较高，行业中的产品需要更高的物流条件时，具备以上特征的行业中的经销商就会有更大的剩余生存空间。无疑，那些处于与以上提及的几种情况相反的行业中的经销商，将会面临来自现代零售业更大的冲击，或者说，这些经销商抵抗现代零售业压力的能力较差，不过这不是经销商自身的问题，而仅仅是行业特征带来的影响而已。

三　评估行业内厂商的经营管理水平

对于经销商来说，现代零售业的发展和所在行业的特征都是无法控制和改变的外部因素，经销商的未来带有明显的宿命性质。不过经销商并不是孤单的生存于供应链之中，很多厂商与经销商一样，面对现代零售业的快速发展而束手无策，当他们跟不上零售商的发展脚步时也面临着被淘汰的风险。在未来，很多厂商不是由于行业内的竞争被淘汰，而是由于无法适应现代零售业的发展最终被零售商淘汰，关于厂商与零售商合作的话题，在我的另外两本书《供零战略》和《货架上的战役》中有详细的讨论。

因此，即便经销商所经销的产品适合的主要零售业态，在当地市场上已经成为主导零售终端，经销商所在行业特征也无法阻挡零售商取消传统经销商的压力，也并不意味着这个行业中的经销商就必须马上退出供应链。因为经销商是否到了马上要退出供应链的时候，还受到行业中主要厂商的经营管理水平因素的影响。

也就是说，现代零售业在当地市场已经发展成熟，行业特征也没有带来减少供应链环节的阻力，或者行业特征对减少供应链环节的阻力已经得到解决，如果行业内几个主要厂商的经营管理水平较低，那么站在行业的角度来看，就还没有到取消传统经销商的时机。换句话说，这个行业中的经销商也会有更大的剩余生存空间，经销商被延长的生存空间无疑就是等待行业内的厂商提高经营管理水平的时间。

那么，为什么厂商经营管理水平较低，会对取消传统经销商的时机带来如此大的影响呢？这需要我们回顾在第二章曾讨论过的内容，即**随着现代零售业的发展，传统经销商的几个关键职能逐渐在供应链中失去了价值，这是传统经销商必将退出供应链的根本原因**。但是在传统经销商提供的几个关键职能中，物流是一个与厂商的能力有着密切关系的特殊职能。零售商建立配送中心，零售商和厂商分别雇佣第三方物流公司，只是取代了经销商原有的商品配送职能，而配送只是将产品从厂商的仓库送到零售商的货架上的运输工具的应用。无疑，物流职能中更核心的工作是通过优秀的订货和库存管理，在尽量减少货架上商品缺货的前提下，不断降低供应链的整体库存成本，这才能达到通过优化供应链降低商品价格的目的，从而为供应链管理中的卓越者赢得更多的顾客。

其实，即便零售商已经建立起了优秀的供应链管理能力，他们也无法保证随时关注到每个厂商的每个产品在每家门店的库存和缺货情况，这不仅是 IT 技术的问题，对于优秀的零售商来说，也不是订货和库存管理思想的问题，关键是零售商对降低人力成本问题的考虑发生着重要的作用。可以想象得到，每个月分析几千个单品在几百家门店的销售和库存情况会是多么大的工作量。在这方面沃尔玛是最好的例子，沃尔玛与其他零售商截然不同的地方或者说其核心能力，就是卓越的供应链管理。比如，沃尔玛在其"零售链"管理系统中，不仅能够提供即时的商品库存和销售信息，还提供了各种销售预估、订货和库存等分析方法。

但是沃尔玛并没有要求他们的采购人员分析每个商品的库存和销售情况，而是要求供应商利用他们提供的"零售链"系统，分析各自产品的销售和库存情况。沃尔玛正是出于降低人力成本的考虑，而将产品的销售和库存分析工作转移给了供应商，或者说，沃尔玛利用其强势地位将产品分析的人力成本转嫁给了供应商。当然，如果在产品的销售和库存分析中出现失误，导致库存成本提升或者缺货率增加，沃尔玛也不会承担这些风险和损失。

此时，我们清楚地看到，传统经销商的物流职能并不仅仅是提供几个送货车和仓库，而是承担了订货和库存管理这项重要职能，并分担了零售商转嫁过来的物流管理的人力成本，以及物流管理中的损失和风险，比如高库存和退货等。虽然经销商在订货和库存管理中表现得并不是很出色，或者说，大部分经销商的物流管理能力还很低，但是他们确实为厂商承担了重要的物流管理职能，以及物流运营中的部分风险。

不过问题在于，很多厂商无法或者不敢将物流管理中的关键工作，即订货和库存管理等，从经销商的手中拿过来而取消经销商，因为厂商无法在短期内轻松地提高其物流管理能力。其中主要有两个原因：第一，厂商在从小做大的过程中，往往都是先找经销商分销产品，而不是自己在各地建立很多分公司。那么在厂商取消经销商之前，他们并没有直接参与到经销商对零售商的订货和库存进行的管理当中（通常情况下，厂商只是负责管理经销商本身的订货和库存，最多对经销商管理零售商的订货和库存给予一些指导。但是由于管理现代零售业的订货和库存变得异常复杂，厂商原来掌握的经验不再有效了），很显然，厂商失去了在实践中不断学习对零售商的订货和库存进行管理的机会。

也就是说，厂商对零售商的订货和库存管理水平并不高，而且可以肯定地说，很多厂商在这方面的管理水平要低于经销商，至少经销商在日常经营中积累了丰富的实践经验。如果以分公司取代各地的经销商，厂商就需要培养大量的订货和库存管理人才，只有一套库存管理软件是不能解决所有问题的。比如，各产品的销售绩效结果会受到多种不可控因素的影响，电脑中的销售数据无法体现出各种真实情况，各个产品在电脑中的理论库存与各分公司和零售商的实际库存必然会存在着很大的差异。

第二，厂商在管理零售商的订货和库存中，与经销商相比存在着先天的弱点。经销商毕竟与零售商一样同属于商业流通行业，他们两者的核心工作就是将产品买进来，再加上一定利润后卖出去，因此他们的核心管理任务就是不断优化库存，即减少缺货，并维持最佳的库存成本。经销商和零售商看到的理论毛利只是电脑中和纸面上的利润，当考虑库存因素时，往往会出现不赢利的状况。比如，在某个期末库存中，低销量甚至无法销售的产品占据了大部分库存或者低毛利甚至无毛利的产品占据了太多的仓库，都会导致经销商和零售商的商品毛利化为乌有。

而厂商的核心是开发、制造产品，并建立优势品牌，他们将原材料转化为消费者需要的产品，为消费者创造了产品的使用价值和心理满足感，在订货和库存管理中，厂商关注的是从原材料、在制品到成品各个环节的库存。在厂商的经营过程中，不存在买进某产品而卖出同样产品的过程，因此，厂商从经营本质上没有与商业流通业类似的订货和库存体验，或者说，厂商的订货和库存管理的本质与商业流通业不同。由此看出，厂商在管理零售商的订货和库存方面，与经销商相比存在着先天的缺陷。

因此，各个行业中主要的厂商并不是都具备了适当的订货和库存管理能力，正是由于在某些行业中的厂商缺乏订货和库存管理能力，才使这些行业中的经销商得以生存更长的时间。那么，在分析各个行业中经销商剩余的生存空间时，还要考虑行业中主要厂商的订货和库存管理能力，如果经销商所在行业中的主要经销商的物流管理能力比较强，那么经销商剩余的生存空间就比较小，反之，则经销商剩余的生存空间就比较大。

这里还有一个很大的问题是，很多厂商和零售商经常出现不理性经营，尤其是国内的厂商和零售商。也就是说，很多零售商在自身能力和厂商的能力都没有达到可以取消传统经销商时就强迫厂商取消经销商；或者是很多厂商在自身能力和零售商的能力还没有达到可以取消传统经销商时，率先发起渠道变革，取消经销商而建立分公司。在这种情况下，很可能反而导致产品缺货和退货的增加，以及库存成本的提高，由此带来的损失和风险最终还是由厂商承担。

国内的很多行业都出现了非理性经营的现象，尤其是在那些以国内企业为主的行业中。这些厂商在根本没有准备好订货和库存管理能力时就在全国各地建立分公司和仓库，很快导致各地仓库结构不合理，以及库存成本逐渐提高，同时无法为零售商提供更好的服务，货架上的缺货现象也没有得到根本的改善。这时由于分公司模式更快的市场反应速度而带来的市场优势就在不知不觉中被产品的库存消耗掉了。

厂商在订货和库存管理方面缺乏专业能力，只是问题的主要因素而已，实际上，厂商对各地分公司的控制就是摆在管理者面前的一个非常棘手的问题。与管理办事处不同，分公司在拥有了仓库之后，就由销售中心变成了利润中心，不管厂商赋予分公司什么样的权利和职责，仓库中的产品都会直接影响到厂商的整体利润。因此，厂商对分公司的管理控制变得更加复杂了，单纯的销售管理肯定不行，每个分公司员工的工作诚信、责任心、专业水平、积极性、管理水平等都对分公司的健康运营产生直接的影响。相对来说，经销商在这些方面则具有明显的优势，由于每个经销商都是一个独立的经济实体，经销商的经营者就是管理者，他们在日常工作中完全是利润导向，至少他们不存在工作诚信和责任心的问题，最多就是管理水平和专业水平的问题。

很多厂商陷入了分公司经营管理的泥潭后难以自拔。因为从供应链的基本原理来看，减少了供应链中的一个环节必然会降低供应链的成本，那么在竞争压力下，节省下来的供应链成本会很快体现在零售价格中，也就是说，厂商和零售商都没有将节省下来的利润据为己有，而直接让利给消费者了。因此，即便厂商发现其分公司运营效率太低，效果太差，而希望重新依靠经销商时，他们已经拿不出利润空间来给经销商了。因为在现代零售业的市场环境下，除非行业的原材料上涨等因素，单独某一家企业几乎无法以其他的理由提高产品的供价。

其实，如果我们留心观察并深入思考宝洁的渠道变革就会发现，宝洁最初将经销商当作分公司，为经销商提供深入的指导和帮助，是因为当时现代零售业还不发达，经销商的职责主要是分销传统渠道。几年以后，宝洁开始减少经销商数量，而给留下来的经销商以更大的市场范围，这实际上是宝洁为了配合现代零售业的发展，而将经销商的职能逐渐向物流商方面转变，很显然局限于某个城市的经销商已无法配合零售商的配送中心了。我们看到，此时宝洁并没有取消经销商，而是采取了逐步减少经销商的策略。不管宝洁是因为国内现代零售业尚不发达，还是自身不具备更高的订货和库存管理等专业能力，这种稳扎稳打的经营策略不仅体现了谨慎严谨的工作态度，其实更体现了宝洁科学理性的经营管理思想，这无疑是值得国内厂商学习的地方。

我们在这个部分的讨论，不仅为经销商分析剩余的生存空间提供了依据，而且对厂商制定渠道策略和零售商的供应商管理都有所提示，尤其是厂商，毕竟零售商在其强势地位的支持下可以将各种经营成本和风险转嫁给厂商。厂商在制定渠道策略时（或者具体说是在考虑取消经销商而采取直供模式，还是继续采用经销商模式，以及在考虑取消经销商的时机时），不仅要从财务的角度考虑渠道变革后的利润变化，还要考虑厂商在订货和库存管理方面的专业能力。

也就是说，如果厂商内部的订货和库存管理的专业水平还没有达到取消经销商的要求，那么厂商就不应该冒险取消经销商，而改为分公司模式。但是市场并没有留出更多的时间给厂商，随着现代零售业的快速发展，一旦零售商准备好了取消经销商环节，他们就会要求各个行业中的厂商配合他们采取行动。如果行业中有些厂商具备了更强的订货和库存管理能力，那么他们就能够更快地响应零售商的要求，取消经销商环节从而提升供应链的效率。行业中那些不具备更强的订货和库存管理能力的厂商，不是被迫取消经销商环节而使自己陷入对分公司管理失控的泥潭，就是眼睁睁看着行业中的竞争对手由于优化了供应链而给消费者提供了更低的价格。

最后两者的结果一样，都是损失利润和市场份额，这是任何一家厂商都输不起的。因此，虽然从经销商的角度来看，希望能给自己保留更长的生存时间（尽管这是以牺牲零售业和制造业的发展速度为代价，当然经销商无力改变这个发展趋势，至多只是一种愿望而已），但是任何一家厂商都不敢在持续提高自身订货和库存管理水平上掉以轻心，这是厂商继品牌塑造、产品开发之后，另一个关键的竞争领域。随着现代零售业的发展，在这个领域的竞争也变得越来越重要了。

四　谁在原来的路上走得更远

正如前面所讨论的，经销商剩余的生存空间受到三个关键因素的影响：第一，经销商所在行业最主要的零售业态的发展状况；第二，经销商所在行业的特征；第三，经销商所在行业中的主要厂商在物流管理方面的专业能力。因此，评估任何一个行业中经销商剩余的生存空间，需要综合考虑以上三个因素的影响，经销商置身于以本行业为分析主体的三个因素下进行综合的分析，才能得到更加客观和科学的结果。

以上三个因素对经销商剩余生存空间的影响力度是不同的，其中，现代零售业的发展状况是关键因素。如果经销商所在行业的主要零售业态在当地市场发展得非常成熟，那么行业特征和行业中的厂商的经营管理水平就不可能将取消传统经销商的时间延迟过长，如果此零售业态中的主要零售商有着丰富的零售经营经验，那么他们就会更快地推动取消传统经销商的步伐。

假设在某个区域市场上，生鲜超市已经发展的非常成熟，其中主要的零售商是有着丰富经营经验的跨国企业，那么对于零售商来说，他们已经积累了丰富的生鲜经营方法和技术，而在某些分类中已经出现了大型的厂商，比如在肉制品行业，有双汇、雨润、上海爱森等，他们也有较强的经营管理能力。零售商为了推动供应链的进一步优化，会主动将行业中的经营管理经验提供给这些厂商，帮助他们尽快提高其经营管理水平。因此，在生鲜产品的各个分类中，取消传统经销商的步伐就在零售商的推动下加快了。

反之，如果经销商所在行业中的主要零售业态，在当地市场尚处于初级发展阶段或者根本没有出现，那么行业特征和行业内厂商的经营管理水平，这两个因素就不用考虑了。由于适合销售该行业产品的主要零售业态还不发达，实际上，经销商所面对的零售客户就仍然以传统渠道为主，即便有其他业态的连锁超市，他们也不是本行业产品的主要销售渠道，因此传统经销商的价值依然存在。没有零售商的压力，厂商也可以从容地采用各种适合的渠道模式。

总之，在行业中的主要零售业态在当地市场上的发展不成熟或者根本没有时，经销商将会有更大的剩余生存空间，当然也就有更长的时间来准备未来的转型。如果所在行业中的主要零售业态在当地市场上已经发展非常成熟，而且行业特征对零售商取消传统经销商的行为并没有阻挡，行业中的主要厂商的经营管理水平也较高，那么在这个市场上的该行业的经销商恐怕就需要马上考虑转型问题了，甚至可能已经错过了转型的良机。

此外，在各个行业中，单独的零售商和厂商的市场行为总是存在着很多偶然性和非理性的现象，也许零售商和厂商已经具备了取消传统经销商的能力，但是他们可能会由于缺乏经营经验或者其他偶然因素，而没有采取取消传统经销商的行动。也许零售商和厂商还没有具备取消传统经销商的能力，但同样是由于缺乏经营经验或者其他偶然因素，他们可能提前取消了传统经销商。经销商在判断自己的生存环境，并准备做出经营方向决策时，还是应该依据所在行业中供应链的客观状况，不管零售商和厂商是过早还是过晚采取取消传统经销商的行动，其错误最终都会被真实的市场现状所修正。

虽然传统经销商慢慢退出供应链，对经销商来说并不是好事，但是从整个供应链的角度来看，这无疑是市场进步的一种表现。现代零售业的出现和发展无疑提高了供应链的效率，而厂商不断提高自身经营管理水平，主动或者配合零售商优化供应链，最终使消费品的价格持续降低，使消费者在大多数消费品上的花费减少，那么节省下来的钱当然可以花在其他更高层次的需求上。

经销商无法也不应该阻挡市场的进步，那么传统经销商在退出供应链之后，应该走向何方呢？经销商未来的出路在哪里呢？这正是本书下篇所要讨论的问题，即经销商在供应链中的新使命。

下 篇

经销商在
供应链中的新使命

传统经销商势必要退出供应链，供应链将会出现新的结构，经销商也在供应链中被赋予了新的使命，经销商已走向涅槃之路。

刚柔始交而难生。动乎险中……雷雨之动满盈，天造草昧。

——《易经·屯卦》

第五章　经销商转型方向的推动因素

　　各个行业中的传统经销商不管当前感受到的压力有多大，都必须在现在或者未来的某个时间做出艰难的选择：未来的经营方向应该转型向何方？在失去了传统的经销商职能后，应该转向哪些更有价值的新职能？当然，经销商要做出正确的选择，必须对其在行业供应链中的新位置有正确的判断，或者说，经销商必须正确判断出行业供应链对自己的新需求是什么。

　　由于受到所在行业的产品特征、市场竞争环境，以及行业的主要零售渠道发展状况等因素的限制，传统经销商未来的出路或者说经销商未来在供应链中的新位置，并不是由经销商所能够决定的。如果经销商不考虑各种客观因素的限制，而完全依靠经营者个人的感觉或者好恶判断和决定未来的转型方向，必将给经销商自身的经营带来极大的、不可控的风险。

　　行业的产品特征、竞争环境和主要零售业态的发展状况等因素，决定了各个行业中经销商的转型方向，也就是说，在这些因素的共同影响下，各个行业中的经销商存在着必然和确定的转型方向。这些因素可能在某些行业中，排除了传统经销商的某几个转型方向，也可能在另外一些行业中，限定了只会存在唯一的转型方向，等等。

　　因此，为了更加科学地判断处于不同行业中的经销商的转型方向，从经销商的企业和经营者以外的因素，即消费者对产品的看法

（行业和产品特征）、市场环境和零售业态等因素，分析和确定经销商的转型方向是更理性的经营思想和行为。理性的经营思想和行为必然为经销商带来更为正确的转型方向决策，那么，在理性和科学的分析后得出的转型方向就会使经销商的经营者在做资金的投入和转向等重大经营决策时更具信心。

一 产品的技术特征

当经销商不管什么原因选择了经销某个行业的产品时，其特殊的商业命运实际上就已经注定了，当然，行业产品的平均毛利率和平均周转速度的不同，是构成其商业命运最直接的两个因素。由于不同行业中的产品具有各自不同的特征，比如保质期的长短、产品更新换代的速度、产品是否需要安装及维护等，实际上也给经销商的经营带来了很大影响，只不过行业产品特征并不是对经销商的经营利润直接产生影响，而是通过产品特征给零售商经营带来间接影响，但是这也恰恰是决定经销商未来转型方向的一个关键因素。

与经销商相比，本行业的产品特征给零售商经营带来的影响更大。由于零售商经营的分类和产品众多，比如在大卖场业态中，沃尔玛在国内的门店一般有两万多个单品，而其在美国的门店甚至达到几十万个单品。即使单品较少的便利店业态一般也有 2000 个左右，他们经营的分类（即从供应商的视角称之为的"行业"）也还是比经销商经营的分类要多很多，因为便利店往往采取的是多分类少规格的经营方式。

经营如此多分类的商品，使零售商本来就无法深入的了解每个分类商品的经营特征，而零售商的员工更无法保证能够科学有效的经营管理每个分类，更何况当面对经营管理非常复杂的行业产品时，零售商必然会对经销商或厂商产生更大的依赖性。也就是说，零售商为了保证经营好每个分类，以赢得顾客的满意和更高的利润，非常希望能够得到经销商或者厂商的帮助。反之，如果分类中的产品特征使零售商的经营管理非常容易，那么零售商就无需或者很少依赖经销商或厂商的帮助了。

如果我们继续深入思考的话就会清楚，零售商在各个分类中是否更需要经销商或厂商的帮助，实际上就是经营各个行业产品的经销商在零售商眼中的生存空间，当然也就影响到了经销商的转型方向。显然，如果在某个经营管理比较简单的分类中，零售商在经营管理分类时并不需要经销商或厂商提供更大的帮助，那么经销商就失去了在帮助零售商经营分类方面的转型机会；反之，如果在某个经营管理比较复杂的分类中，零售商在经营管理中需要经销商或厂商提供更多的帮助，那么经营这些分类的经销商就存在着帮助零售商经营分类方面的转型机会。

此外，行业中的产品从消费者获取并分析产品信息，一直到消费者将商品买回家的整个购买过程中，如果需要销售者（包括厂商、经销商和零售商）提供更复杂的服务，比如，购买前的咨询服务、购买后的产品安装、配件和维修支持等，零售商往往无法或者不能很好地满足消费者这些需求。零售商实际上是制约于现代零售业的一个基本特征，即为顾客提供自助式服务，不管零售商如何提倡优质服务，超市为顾客提供的服务都是建立在自助式服务的基础之上的，较复杂和烦琐的服务零售商不愿意也无法很好地为顾客提供。因此在这样的分类中，零售商往往希望经销商或厂商担负起为消费者提供这些复杂的附加服务的职能，那么，这就为传统经销商的转型提供了一个新的机会。反之，在无需为顾客提供复杂服务的行业中，经销商就不存在类似的转型机会了。

不同行业中的产品有不同的特征，从以下两个方面分析不同行业中的产品特征，有助于我们找到经营不同行业产品的经销商未来的转型方向。第一，消费者在购买和使用产品时的要求和特点，比如售前咨询、售后安装、更换配件等；第二，零售商经营行业中产品的难易程度，比如产品的保质期长短、产品是否需要再加工或包装、分类中产品的规格型号功能等的多少、产品的季节性强弱等。

消费者在购买很多行业中的产品时，需要销售者提供一些必要的产品知识和相关信息，以便于消费者更理性的选择适合自己的产品，这当然是与行业中产品的特征有着直接关系的。如果行业中的产品包含的技术比较复杂，比如电脑、音响、数码产品等，超出了普通消费者容易理解和掌握的程度，那么消费者在购买相关产品时就缺乏相应的知识和经验进行挑选，因此为了便于消费者选择适合自己的产品，就需要销售者为消费者提供必要的售前咨询服务。

但是零售商往往也缺乏相应行业的产品技术知识，无法为顾客提供相关的售前咨询服务，此外，由于零售商经营众多分类的商品，他们从内心也不愿意为某个技术复杂的分类提供更多的超市资源，比如货架空间、专业人员等，因此在这些分类的经营中，他们需要经销商或厂商提供行业知识的支持。甚至当某个行业中的产品所包含的技术更复杂时，一般的零售商无法经营这些产品，此类产品的厂商必须建立自己的专卖店。这正是国美、苏宁等电器专业店一直采取将经营场地外包给厂商的经营模式的原因之一，而且多年的经营实践也证明，他们确实选择了一个正确的经营模式，这种外包式的经营模式在为国美、苏宁等零售商降低营运成本的前提下，还为顾客提供了更专业的现场销售咨询服务。

尽管代表全球电器零售业最先进理念的百思买（Best Buy）一贯采取的是自己提供销售顾问的经营模式，但是在国内的经营中，这种经营模式并没有给他们带来更大的竞争优势。实际上，背后的原因仍然与如何理解行业中产品的技术复杂程度有关，在产品的销售过程中，行业中产品技术的复杂程度并不能从单纯的技术角度去考虑，其实，最本质的考虑是从消费者所能感知到的产品技术复杂程度出发。也就是说，消费者认可的行业中产品的技术复杂程度，才是衡量行业中的产品技术复杂程度的根本因素，而不是行业中产品所包含的真实的技术复杂程度。

这是因为消费者所认知的产品技术复杂程度，与产品实际的技术复杂程度往往是不一致的，或者说，这两者根本就是两件不同性质的事。消费者对某个行业中产品的技术复杂程度的认知，是随着消费和使用过程而逐渐发生变化的。消费者对任何行业中的产品都有一个认识和熟悉的过程，当某个新的行业出现在市场上时，消费者由于对其产品的认识和熟悉程度不够，因此会感觉此产品在技术上很复杂，而随着对此行业中的产品的使用，消费者会逐渐积累更多的行业技术常识，此时他们也就会逐渐认为此行业中的产品的技术不再那么复杂了。尤其是在中国市场上，我们会看到很多鲜活的例证。随着居民消费水平的逐步提高，越来越多新行业的产品逐步走入普通居民的生活，很多行业中的产品由奢侈品、高档产品，逐步变为普通的消费品，比如电视机、冰箱、微波炉、空调、电脑、电磁炉、VCD 机等。

百思买由自己提供销售顾问的经营模式在中国市场上并没有形成优势，其根本问题在于，美国市场与中国市场的消费者对很多电器行业中产品的技术复杂程度的认识不同。美国市场由于消费水平较高，而且他们使用各种电器行业中的产品时间更长，因此消费者对各种电器行业中的产品很熟悉，那么他们就会认为其产品的技术复杂程度不高。但是在中国市场上却不尽相同，毕竟中国市场还是一个正在发展中的消费市场，消费者对很多电器产品使用时间短，因此总体来说，中国市场上的消费者对很多电器产品并不是非常熟悉，或者说，其熟悉程度以及熟悉的电器产品分类的数量要远远低于美国市场上的消费者。

因此，中国市场上的消费者需要的售前和售中的服务，就要比美国市场的消费者所需要的更深入和专业，换句话说，在中国市场上消费者在购买很多电器产品时，需要能提供更深入和专业的销售服务的顾问。毫无疑问，零售商的销售顾问在产品技术的专业性方面无法与厂商提供的服务人员相比，因此百思买的销售顾问在中国市场上就失去了其在美国的优势力量，而国美、苏宁等本土电器零售商所采用的外包模式，很好地满足了国内市场上消费者在购买电器产品时在售前和售中对咨询服务的需求。

另一个更重要的产品技术特征是，很多行业中的产品需要提供产品安装和日常配件销售、保养、维修等服务。在产品的销售过程中，零售商往往不具备承担这些技术性工作的能力，而且零售商也不愿意提供这些卖场之外的服务，因此，产品安装、配件销售、保养和维修等服务还是要由经销商或厂商提供。

当厂商的产品销售市场范围很大时，各个市场上的售前和售中咨询服务、产品安装、配件销售、保养和维修等服务，厂商很难用自己的力量达到，或者说，完全依靠自己的力量提供这些服务从经济上看是不划算的。那么，利用各地的经销商来担负起这些服务是厂商必然的选择，因此在这些行业中，即行业中的产品需要更多的售前和售中咨询服务，以及产品安装、配件销售、保养和维修等服务时，**传统经销商在供应链中就产生了一个新的转型方向，这就是转型为"服务提供商"。**

也就是说，经销商放弃或者弱化传统的销售等职能，而转型为重点帮助厂商和零售商为消费者提供各种服务，这是某些行业赋予经销商的新职能。反之，在那些不需要为消费者提供售前和售中咨询服务，以及产品安装、配件销售、保养、维修等服务的行业中，经销商就不存在转型为服务提供商的机会，比如饮料、食品、洗涤用品、内衣等行业。

从零售商经营的行业中其产品的难易程度来看，行业中产品的保质期长短、产品是否需要再加工或包装、分类中产品的规格型号功能等的多少、产品的季节性强弱等，也对经销商未来的转型方向有着较大的影响。与前面提及的产品的技术特征不同，这些因素更多的代表了产品在行业中体现出来的市场特征，正是各个行业所体现出来的不同的市场特征，使零售商在经营这些行业中的商品时感受到了不同的经营难度。

很显然，产品的保质期越短越会增加零售商经营的难度，当然较短的保质期一般是局限于各食品行业中，虽然诸如电器产品等也有使用寿命，但是它们与食品的保质期有着截然不同的性质。比如有些食品的保质期只有一天，诸如绿叶蔬菜、火腿片、切片包装鱼、豆制品、面包、肉馅、某些熟食等，还有很多食品的保质期在 15—45 天之间，从经营的角度来看也非常短，比如奶酪、牛奶、高温香肠、冷冻食品等。

对于保质期非常短的商品，如果零售商的经营管理水平不够高，那么在日常的经营中很容易出现两种互相矛盾的问题：不是商品的损耗过大，就是商品缺货严重。也就是说，因为商品的保质期太短，超市的人员不容易把握每次订货量的准确性，如果订货过多，则只能将没有销售出去的库存商品损耗掉；反之，如果订货过少，则带来商品缺货，影响销售额和顾客的满意度。而且，由于很多保质期短的商品都是在当地订货，因此零售商很难保证各地的门店营运人员都具备较高的经营水平。

保质期非常短的产品一般都对产品的运输和储存有特殊的要求，比如需要冷冻或冷藏，那么这首先增加了经营这些产品的经营成本，对于零售商和厂商来说，面对众多门店和全国市场，其冷冻冷藏车和冷冻冷藏库的投入还是非常大的。此外，对整个冷链系统的管理也是相对比较复杂的，如果零售商缺乏优秀的冷链管理能力，那么同样容易造成商品变质形成的损耗，并威胁到顾客的食用安全，当然也就进而影响到零售商的声誉。

　　还有些产品在销售前需要再加工或者再包装，或者在卖场现场制作等，比如净菜、面包、鱼、熟食等，很显然，经营这些商品需要加工、包装、制作等一定的专业技术以及熟练的操作能力。一方面，零售商出于经营成本（零售业的利润率非常低，远远低于制造业）的考虑，不愿意给这些商品的加工和包装提供更大的场所和更多的人力，而希望经销商或厂商担负这些工作；另一方面，由于专业技能的限制，零售商也不愿意自己经营如此复杂的商品，当然这也是由于零售商没有足够的信心经营好这些商品。

　　与普通商品相比，零售商对季节性很强的商品也会感到难以应付，比如月饼、元宵、游泳用品、高档烟酒、季节性服装、凉席、棉被、学生文具等商品。对于这些季节性很强的商品，在经营中最大的难题在于订货量的把握、库存控制和过季后的库存清理，因为这些季节性商品在旺季突然增高销量，甚至有些季节性商品只在旺季销售，使零售商无法根据日常的销售量来准确预估适合的订货量。当然，订货量的不准确将会带来高库存或者缺货的风险，最终可能也会导致过季后库存积压的现象，对于零售商来说（其实对于经销商也同样），过多或积压的库存很容易抵消掉在旺季销售季节性商品所带来的毛利。

　　对每年季节内的商品进行选择也是一件非常困难的事情，零售商无法准确把握平时无销售或很少销售的季节性商品的行业趋势，以及消费者对这些季节性商品的消费趋势。因为与厂商不同，零售商一般情况下主要是根据自己的历史销售数据进行各种经营分析，他们无法像厂商那样通过开发产品和营销活动获取消费者信息。因此，季节性商品的特点使零售商严重缺乏这些季节性商品的历史销售数据，从而无法支持他们进行经营分析，当然就不能保证能选择出符合顾客需求的价位、花色、口味、功能等的产品。

给零售商的经营带来困扰的还有那些产品的规格、型号、功能、口味等非常丰富的行业，比如文具、家庭用品、蔬菜、服装等。正如前面提及的，零售商永远不能像厂商（甚至行业内的经销商）那样深入了解某个分类，它无法给每个分类都投入过多的精力和资源。因此，当某些分类中的单品数量由于行业原因而过多时，零售商就容易失去对这些分类经营的控制，或者说经营这些分类对于零售商来说难度太大了。显然，在拥有众多单品的分类中，对商品进行定期绩效评估的工作量会很大，而且由于分类中商品众多，使零售商对每个单品的订货、库存、定价、陈列和促销等营运工作变得更为困难。

总之，产品的保质期越短，越是需要再加工，特殊的运输和储存条件，季节性越强，以及行业中产品的规格、型号、功能、口味等越多，零售商在经营这些商品时就会感到越困难，那么相应地也就意味着，零售商在经营这些商品时对经销商或厂商有更大的依赖性。零售商之所以在经营具有以上特征的商品时感到困难，一是由于产品的特征确实对于零售商来说过于复杂，而使零售商难以将这个行业中的产品经营好，另一个因素是零售商在超市资源有限的前提下，不愿意为这些复杂的分类投入过多的资源。

那么，最终我们可以看到，由于产品的特征导致零售商在经营某些分类时感到过于困难，此时零售商就必然会对经销商和厂商产生更大的依赖性，那么这也正是在这些行业中的经销商的一个转型机会，即成为专业品类经销商。也就是说，在这些对于零售商来说过于复杂的行业中，经销商完全可以更多地承担起经营这些分类的职能，比如帮助零售商选择商品、订货、管理库存、定价，以及实施促销活动等，当然成为专业品类经销商的前提是，经销商必须将主要精力集中于少数某些分类中，而不能经营过于分散的分类。

在面对这些经营复杂的行业时，经销商比零售商具有更多的天然优势。比如，经销商经营的分类要远远少于零售商，经销商不用考虑顾客服务、陈列设计等零售商所专有的工作，而且，由于经销商长期经营某几个分类，因而积累了更为丰富的行业知识和行业经营经验。甚至在极端的情况下，当经销商对这些经营复杂的分类更富有经验，而零售商的经营管理能力相对不足时，经销商完全可以将零售商的这些分类，甚至是这个分类所在的部门承包下来（前提是这个分类是所在部门中占据销量前几位的分类）。也就是说，经销商代替零售商经营管理这些分类，比如帮助零售商选择商品、订货、管理库存、定价、陈列设计、促销安排等，而零售商只需定期收取经销商提供的毛利就可以了。

此外，对于那些需要冷链管理的商品，比如冰激凌、冷冻冷藏食品、肉、蔬菜等，由于零售商（包括厂商）不愿意投入更多的固定资产（比如冷冻冷藏车、冷冻冷藏仓库等），使得具备冷链管理能力和设备的经销商变得更有价值了。**不管是只作为专业的冷链物流商，还是专业的冷链经销商，无疑都是经销商一个非常有前途的转型方向。**

当然，在成千上万的产品世界中，我们无法穷尽所有的产品所具有的特点，以及这些特点对经销商转型方向的影响，而且新的产品和分类不断从市场上涌现出来，我们也无法预计市场随时会出现的变化。但是只要依据这样一种思考逻辑，就能帮助我们做出更科学的判断：**即如果产品特征使零售商感到经营的难度太大，或者使零售商感到经营这些商品需要付出太多的资源，那么这个产品特征将会成为影响经销商转型方向的一个重要因素。**

二 产品的标准化程度

产品的标准化程度并不属于产品的技术特征范畴之内，它代表了产品所在行业的一种市场特性，即行业中产品质量的标准化程度。不过即便提到产品质量，我们仍然不是站在产品的技术特征的角度，而是指从市场的角度来看，行业中的产品质量的标准化程度。也就是说，从市场的角度来看，行业中的产品质量是已经趋于标准化了，还是处于非标准化的阶段，当然，从各个行业的发展趋势来看，几乎每个行业都要经历从非标准化向标准化发展的过程。

衡量某个行业中的产品是否实现了标准化最重要的因素，是消费者对于行业中产品的质量差异的感受，如果消费者认为行业中各个品牌的产品在质量上没有多大的差异，那么这个行业的产品实际上就已经达到标准化了，反之，如果消费者认为行业中各品牌的产品质量还存在着很大的差异，那么这个行业则还没有达到标准化。比如，碳酸饮料行业的产品早已达到了标准化，这无疑是可口可乐和百事可乐两大饮料巨头共同努力的结果，消费者在可口可乐和百事可乐的碳酸饮料产品中几乎分辨不出任何质量上的差异，包括口味、品质等，消费者所能感受到的恐怕只剩下品牌形象的差异了。实际上，国内品牌"非常可乐"和"非常柠檬"等产品在产品质量上也几乎与可口可乐和百事可乐没有多大的分别，影响消费者购买的因素也只是品牌形象的差异而已。

又如，同属于软饮料行业中的果汁饮料，仅仅在前几年才刚刚在国家相关法令的约束下开始走向标准化的道路，消费者就已经能够清楚地区分100%果汁、浓缩果汁和果汁饮料之间的差异了。消费者在购买果汁饮料时，可以在不考虑产品品质差异的前提下，选择自己喜好的品牌、口味、包装等。而软饮料行业中的另一个分支行业——功能性饮料，在当前的国内市场上仍然处于非标准化的阶段，消费者难以确定每个品牌的功能性饮料的质量差异，当然，这也是一个有待于进一步规范的行业。

由于中国是一个新兴的发展中的市场，处于产品非标准化的行业还是非常多的，比如文具、炊具、蔬菜等。如果行业中的产品还未形成标准化，那么实际上就增加了零售商经营上的复杂性，这主要体现在两个方面：第一，由于产品处于非标准化状态，致使零售商难以深入理解行业特征，无法实施有效地经营以满足顾客的需求；第二，在非标准化状态的行业中，一般会有更多的产品数量，这无疑又增加了零售商经营此分类的难度。

比如在小家电行业中，各个品牌下的产品其规格、型号、材料、工艺、功能等千差万别，一般情况下，零售商难以把握住小家电分类的规律，或者说，在这个行业中还未形成明确的规律，那么他们也就无法合理地设计各种店内因素[①]（包括产品组合、定价、陈列和促销等），以更好地满足消费者的需求。实际上，在产品处于非标准化的行业中，消费者也往往陷入不知如何选择产品的困境。

即便是经营管理经验极其丰富的跨国零售商，面对小家电行业在国内市场上的非标准化状况也变得束手无策。他们所能做到的最明智的举措，也只能是将小家电分类中的商品划分成高、中、低三个品质等级来经营管理，而不知道如何考虑小家电分类中的品牌、功能、耗电、外观、规格等因素。这与他们对其他已实现了产品标准化的分类的经营相比，只能算是一个非常粗略的经营方式，过于粗略的经营方式当然不能保证更好地满足顾客的需求了。此外，作为零售商的内部经营，由于缺乏对小家电分类的深入理解，而无法与供应商确定产品的价格，也就无法对毛利进行主动控制了。

毫无疑问，产品的非标准化正是导致行业中产品数量过多的一个重要因素，各个厂商都按照自己的方式开发和生产产品，人为地创造出过多的产品差异，这不仅增加了行业的平均成本，而且这些产品差异性恐怕也并不是消费者所需要的。正如我们在前面已经讨论过的，行业中过多的产品数量会给零售商带来更大的经营难度。

总之，如果某个行业的产品仍然处于非标准化状态，零售商就会

---

① 我在另一本书《货架上的战役》中，对零售商的店内因素有详细的讨论。

感受到更大的经营难度，因此他们对经销商和厂商就会有更大的依赖性。那么**这些行业中的经销商将会存在着成为专业品类经销商的转型出路**，至少在此行业中的产品实现标准化之前，对于很多经营经验不丰富的零售商，经销商甚至可以外包下他们的这些分类或者所在部门的经营。其实，作为专业品类经销商与零售商合作，会有利于整个供应链为消费者提供更好的服务，也有利于这些行业更好的销售。

以行业中的产品是否达到标准化状态来确定经销商是否具有转型为专业品类经销商的方向，还略显孤立和仓促，综合更多的因素来判断经销商的转型方向才更符合科学的分析逻辑，当然这也是我们在第七章将重点讨论的内容。因此，我们不能以本章所讨论的所有推动经销商转型的因素中的其一个来确定经销商未来的转型方向。

三 行业的分销渠道结构

产品的分销渠道结构是影响经销商转型方向的一个重要因素，这是产品所在行业天生具备的市场特征，不管是零售商还是厂商、经销商都无力改变的现实。由于我们讨论的出发点是现代零售业的发展给经销商带来的生存压力，因此分析经销商所在行业的分销渠道中除了零售商，是否还有其他的分销渠道，以及非零售渠道所占据的总体销售份额的大小，直接关系到经销商从零售商那里感受到的压力，更重要的是也为经销商提供了一个新的转型方向。

很显然，如果经销商所在行业的分销渠道只有零售商，那么经销商所感受到的生存压力会很大或者说经销商别无选择，只能在零售商和厂商限定的空间内寻找转型方向。而如果经销商所在的行业还有其他的非零售分销渠道，那么经销商除了感受到的压力较少之外，还增加了一个新的转型方向，即舍弃零售渠道或者弱化零售渠道，而转型为专业的非零售渠道分销商，**或者叫特殊渠道经销商。**

　　比如在酒、饮料行业，除了零售渠道，还有餐饮、夜店、网吧、企事业单位等多种非零售渠道；调味品行业除了零售渠道，还有餐饮、企事业单位等渠道；文具行业除了零售渠道，还有企事业单位渠道（可以采用目录直销、网上超市等销售形式）。那么，对于饮料、酒和文具行业中的经销商，除了存在转型为服务提供商、品类物流商、专业品类经销商等的机会之外，还可以转型为特殊渠道经销商，即只向餐饮、夜店、企事业单位等特殊渠道提供产品分销或者重点向这些特殊渠道提供产品分销，而以零售渠道为辅助业务方向。

　　更令经销商开心的情况是，如果非零售渠道的销售份额大于零售渠道，那么转型为特殊渠道经销商将会变得更有前景。比如在啤酒行业，其主要的销售渠道并不在大型连锁超市中，传统夫妻店和餐饮、夜店是其更重要的分销渠道，那么经销啤酒的经销商并不惧怕现代零售业的发展，因为在非零售的特殊渠道给经销商留有足够大的生存和发展空间。比如在炊具行业，其非零售渠道相对较少，企事业单位的购买量远远低于零售渠道，那么相对而言，在炊具行业中的经销商将会面临零售商更大的压力，而且转型为特殊渠道经销商的方向并不乐观。

　　总之，在判断经销商的转型方向时，还需要考虑行业中产品的分销渠道结构，如果产品有非零售的特殊渠道，而且这些特殊渠道的销售份额相对于零售渠道更大，那么这些行业中的经销商就具有转型为特殊渠道经销商的可能。反之，如果产品只有零售渠道或者零售渠道所占的销售份额相对于非零售渠道来说太大，那么这些行业中的经销商就不存在转型为特殊渠道经销商的机会，或者说，转型为特殊渠道经销商的机会太小。麦德龙等会员店对转型为特殊渠道经销商还是有一定影响的，当然这主要是指在目前或者即将有麦德龙等门店的市场上，因为他们的客户正是特殊渠道中的客户，即酒店、餐馆、下游分销商、企事业单位等。显然，如果麦德龙等会员店在当地市场上比较强势，那么它无疑会阻碍经销商向特殊渠道转型。

四 行业中的品牌化程度

与产品的标准化程度类似，从市场的角度分析各个行业，还有一个关键性的、也是容易被忽略的因素，这就是行业中的品牌化程度。实际上，从零售商的角度看行业中的品牌化问题更加清晰，当然这也恰恰是厂商经常忽视这个因素的重要原因，经营管理经验丰富的零售商在设计各个分类中的商品组合时，往往会考虑分类中的品牌化程度。对高度品牌化的分类零售商在选择商品时，就会更加关注挑选适合的品牌，在陈列设计中也会突出品牌。反之，如果在品牌化程度很低的分类中，零售商在考虑分类的商品组合和陈列设计时，就不会过多考虑品牌的因素，而可能更重视产品特点、包装差异、价格带等因素。

行业中的品牌化是指消费者在购买此行业中的产品时，是否以品牌作为重要的选择因素之一，在消费者的购买决策中，越是看重品牌，那么这个行业中的品牌化程度就越高；反之消费者在选择产品时，很少考虑品牌因素，那么这个行业中的品牌化程度就很低。比如在饮料、酒、服装、化妆品、牙膏、电脑、手机、调味品、休闲食品、咖啡等分类中，消费者在购买时更多地考虑品牌因素。而在南北干货、家庭用品、蔬菜、茶叶、猪肉等分类中，消费者在购买时考虑品牌因素较少。

其实，零售商自有品牌①的开发和发展是判断行业中品牌化程度的一个很直观的因素，零售商的自有品牌能否在分类中获得成功，在很大程度上与分类中的品牌化程度有直接的关系。如果行业中的品牌

---

① 我在《供零战略》一书中，对零售商的"自有品牌"有详细的讨论。

化程度已经很高，那么零售商的自有品牌就不易获得成功，反之，如果行业中的品牌化程度不高，那么零售商的自有品牌就更容易被消费者认同。

对于经销商来说，行业中的品牌化程度高低与其未来的转型方向也存在着一定的影响。在品牌化程度很低的行业中，消费者并不认同品牌就意味着在市场上存在着大量的不知名品牌，其实这些品牌只是一个产品的商标而已，相应地，这些品牌的拥有者一般也是一些规模较小的厂商。那么，零售商与这些分类中的厂商一一进行谈判和日常合作，无疑会极大地增加零售商的工作内容，对于经营中极具烦琐特征的零售业来说，零售商们永远希望自己只关注重点的供应商和产品，而不是面面俱到。

因此，零售商非常希望在品牌化程度不高的分类中，由经销商出面组织这些厂商的产品，那么，零售商在这些分类中，只需与一个或者两个经销商谈判合作即可。而且，由于消费者对这些分类中的品牌并不在意，那么对于零售商来说，即便交给经销商组织分类中的品牌，也不存在选错品牌或者遗漏重要品牌的风险。很显然，**这些行业中的经销商存在着转型为专业品类经销商的机会**，而且在这样的行业中，经销商没有来自厂商的压力，而零售商对其又存在着强烈的依赖，那么，经销商就获得了更为宽松的经营空间。

同时，在品牌化程度很低的行业中，由经销商帮助零售商组合行业中的品牌，更有利于整个行业供应链成本的降低和效率的提高。因为在品牌化程度很低的行业中，还没有形成代表行业的强势品牌，也就意味着行业中的品牌数量非常多。那么，在品牌化程度很低的分类中，零售商如果采取一对多的经营模式，就会比在品牌化程度很高的分类中面对更多的厂商，当然其经营管理成本也会随之增高。

从零售商经营的角度去看，他们不是弱化这些分类的经营，就是将增加的经营管理成本转嫁到供应商身上。最后，不管谁担负了这些增加的经营管理成本，都必然造成整个供应链成本的提升，以及效率的降低，毕竟管理几个供应商与管理几十个供应商的管理效率是不同的。因此，品牌化程度很低的行业的经销商走向专业品类经销商之路会给整个供应链带来益处。

另外，在品牌化程度很低的行业中，经销商还存在着一个崭新的转型机会，**即转型为品牌拥有者，**经销商拥有自主品牌，也就是经销商向供应链的上游发展，更靠近和类似于厂商。显然，行业中没有强势品牌，也就是说行业中存在的都是一些中小品牌，这不仅意味着这些品牌的拥有者往往规模较小，容易被大型经销商所购并，他们很愿意为其他品牌贴牌生产产品；而且更重要的是，消费者在购买这些行业中的产品时，并不会特别忠实于某个品牌，或者说，每个品牌的高度忠实消费群体都非常小，行业中的品牌没有形成较高的市场价值。那么，这些行业中的经销商就有机会向上游延伸，利用自己对行业的理解以及零售终端网络，快速建立起自己的品牌。

经销商拥有自主品牌的实例在国内市场并不少见，但是，当经销商走向这条转型之路时，还是应该注意其中蕴涵的巨大风险。这种风险不仅体现在品牌管理的难度上，因为品牌管理往往需要吸纳优秀的专业人才和企业经营者付出足够的耐心（一个品牌的建立，往往需要对一代人的品牌教育[①]）。而这两者都不是经销商所能轻易做到的，或者说，这两项能力都是经销商行业所欠缺的。在当前的市场环境下，经销商当然不如厂商更能吸引优秀的人才，而通过每次交易获得生存和发展的经销商与厂商相比，无论如何都缺乏一些建立品牌的耐心。

经销商建立品牌更困难的是产品开发能力，从市场角度建立品牌只是整体品牌建设的一个方面，实际上，品牌在消费者心中的建立始终离不开相应的优秀产品的支撑，缺乏了优秀的和持久更新的产品品

---

① 我在《货架上的战役》中，关于现代渠道下的品牌管理有详细的讨论。

牌，只是空中楼阁而不可能长久。从品牌建立的视角来看产品，其核心并不在于产品的生产过程，而是产品的开发过程，那么，产品开发过程中最难以跨越的两个障碍是：行业技术（仅限那些技术含量较高的行业）和站在行业的角度对消费者需求的理解。不管是行业技术，还是对消费者需求的理解，都是建立在行业领先的基础之上，或者说，在这两个方面需要持久的超越竞争对手，只有在这种情况下，品牌才能在优秀产品的持久支持下得到不断的发展和强化。很显然做到这些对于经销商来说，并不是很轻松的。

但是在尚处于发展中的中国市场上，相对于欧美市场来说，有更多的行业处于品牌化程度不高的状态中，这就给更多行业中的经销商提供了转型机会。在那些品牌化程度很低的行业中，经销商既存在着转型为专业品类经销商的机会，也存在着建立自主品牌的机会，只不过从广泛的意义上来看，经销商建立自主品牌的风险更大一些，而成为专业品类经销商的道路相对平坦一些。

五　行业内主要零售业态的发展状况

影响经销商未来转型方向的最后一个重要因素，是所在行业的主要零售业态的发展状况。当然，我们在此讨论的零售业态不包含那些非零售的其他特殊渠道，而是指诸如大卖场、各种专业店、便利店、标准超市、百货业，甚至可以包括网上超市和目录直销等。从行业的角度来看，任何一个行业都有一个最主要的零售业态作为其核心销售渠道，而很少出现几个零售业态的销售份额非常平均的现象。比如瓶装啤酒的主要零售业态是便利店（包括传统的夫妻店）；而洗涤产品在一二级城市市场中的主要销售渠道是大卖场；在城市市场中，家电产品的主要销售渠道是电器专业店，而在县级和农村市场上，家电产品的主要销售渠道是百货店或者是厂商的专卖店。不过，对于某一个厂商的产品来说，有可能几个零售业态占据其销售份额较平均，当然这不能代表行业中的普遍规律。

对于经销商来说，如果其经销产品的主要零售业态在当地市场上发展很不成熟，那么实际上，**经销商就存在着转型为零售商的机会**。但是经销商转型为零售商应该排除一种可能性，即如果经销商经销的产品其主要零售业态是大卖场，那么经销商基本不存在开设大卖场的可能性。毫无疑问，这是因为开设大卖场的投资过大，而且大卖场的经营管理也非常复杂，比如在前几年的国内市场上，曾出现过一些经销商接管当地大卖场的事件（起因是超市经营不善拖欠供应商大量货款，因此被当地的一些经销商联合接管），但是这些经销商们也难以将大卖场经营管理得更好。

因此，实际上，我们提到的经销商转型为零售商的方向，主要是指经销商转型为其所占行业中的连锁专业店。**从现代零售业的发展来看，从大卖场逐渐分化为各个行业中的专业店是一个不可逆转的市场趋势，换句话说，各个行业中的连锁专业店将不断蚕食大卖场的销售份额**。虽然在中国的零售市场上，大卖场的发展速度超越了其他零售业态，占据了国内零售业的主流地位，连锁专业店只有电器专业店、建材专业店、个人护理品专业店发展较快，其中，尤以电器专业店发展得最为成熟，他们已经抢走了大卖场中大部分的家电产品的销售份额；但是中国市场必然不会逆转现代零售业的发展规律，随着居民消费水平的逐步提高，各个行业中的连锁专业店将会快速发展；而且正是由于专业店的滞后发展，才为各个行业中的经销商带来更大的转型机会。假如在中国市场上，各个行业的连锁专业店率先得以发展，那么经销商也就失去了转型为零售商的机会了。

中国市场巨大，更具特点的是各地的消费差异也非常大，这就为各个行业的区域性连锁专业店的生存和发展提供了机会，也就是说，在各个行业的连锁专业店未来的发展中，不仅会有全国性的连锁专业店，同时也会在各地拥有很多区域性连锁专业店。如果拿大卖场业态对比来看，区域性大卖场的生存和发展空间将会比专业店业态小得多，全球性和全国性连锁大卖场购并当地的区域性大卖场的可能性更大。因此，区域性专业店更大的生存和发展空间，无疑又大大增加了各地经销商转型为零售商的机会。

一般情况下，连锁专业店所需的投资较小（除了电器专业店、建材专业店等之外），这主要是由于专业店的门店面积较小，管理成本也比大卖场业态低得多，这主要体现在员工数量少、货架和冰柜等设备投入少、水电费更低等方面。专业店另一个特点是，其日常的经营管理要比大卖场简单得多，主要是由于专业店经营的分类数量少，也就是商品数量少，同时门店的营运人员少也便于管理。专业店所需的投资少，经营管理比较简单，因此无疑更适合经销商涉足。

专业店还有一个发展特征，即不断进行分类细分，而使专业店经营的分类越来越细化，也就是说，随着竞争的加剧和消费水平的进一步提高，经营更细分分类的专业店总会慢慢从原来的专业店中分化出来。比如在当前的国内市场上，手机专业店、数码专业店、电脑专业店等已经慢慢从电器专业店中分离出来；高端个人护理品专业店、香水店等也从个人护理品专业店逐渐分离出来。很显然，随着专业店经营分类的逐渐细化，也会使专业店的投资变得越来越少（因为随着经营分类的细化，其门店面积和设备投入等都会相应减少），经营管理变得越来越简单（因为经营的分类和商品数量减少了，员工数量也会进一步减少），那么，这将进一步降低经销商开设专业店的门槛。

不管经销商愿不愿意转型为零售商，各个行业中的连锁专业店总是会有人投资进入的，而且除了那些从国外进入国内市场的连锁专业店之外，**经销商是最适合开设专业店的投资人。首先，经销商多年的行业经营经验是开设连锁专业店最宝贵的资源，这是经销商之外其他投资人所不具备的。**这主要体现在经销商对行业中的厂商、品牌和产品的了解，以及对当地消费者对此行业中产品的消费习惯和特点的理解，还有经销商多年积累的行业经营经验。比如组合适合当地消费者的产品和品牌组合、价格区间、季节性、促销形式，甚至商品的陈列技术，毕竟有很多经销商在当地也开设了产品展示门店。

其次，除了市场因素之外，经销商对当地环境的了解和关系，也为开设专业店提供了很大的帮助。比如经销商利用对当地商圈环境的了解，可以更准确地选择开店地址。又比如，零售商的开店是一个非常复杂的过程，会涉及多方面的关系处理，那么经销商在当地的关系同样有利于使开店进程变得更加高效。

因此，开设连锁专业店是经销商转型的一个重要方向，但是不管怎样，对于经销商来说，开设专业店总比建立自主品牌更容易成功一些。另外，虽然在很多市场上，尤其是在三四级以下的市场上，很多经销商往往也建立了一些专业店，但是这些专业店大都是单独的门店，甚至是批零综合性质的门店，即便有几家连锁门店，只要没有占据当地较大的市场份额，那么它们也不是真正具备连锁化特点的连锁店，也就不具备现代零售业的特征；换句话说，这些门店仍然是传统的夫妻店性质。毫无疑问，我们讨论的经销商转型为零售商，指的是转型为具备连锁化特征的专业店，而不是传统的夫妻店。

从欧盟各个国家批发业的发展历史来看，在传统的批发业逐渐萎缩后，批发商进入零售行业是一个普遍的现象，当然，他们也正是以开专业店和小型杂货店为主。欧盟各个国家的批发商还有另一个类似的发展方向，即通过自己开连锁店和联络其他独立或小型的零售商（批发业务为批发商联络独立或小型的零售商奠定了基础）成立自愿连锁或合作社性质的采购组织。当然，走上自愿连锁和合作社之路并不容易，这对批发商的企业实力以及批发商经营者的能力有较高的要求。

在本章，我们从产品的技术特征、产品的标准化程度、行业的分销渠道结构、行业中的品牌化程度、行业内主要零售业态的发展状况这五个方面，分析了它们分别对经销商的转型方向带来的影响，以及在它们的影响下经销商存在的转型机会，包括转型为服务提供商、专业品类经销商、冷链的专业物流商、特殊渠道经销商、拥有自主品牌和专业店六个方向。不过在具备以下特征的行业中，经销商还存在着一种当前最为普遍的转型方向，即品类物流商（以运输某品类为核心的物流商），这一转型方向需要有以下的条件支持：行业中的产品没有安装、配件销售和维护等技术特征，产品在运输和库存等环节中也没有特殊要求，行业中的产品标准化程度和品牌化程度都很高，产品的分销主要集中在零售渠道中，行业中的主要零售业态已经发展得很成熟。

以上的分析只是总结了一般性的规律，给经销商的转型提供了一个大致的方向。各个行业中的经销商个体需要更明确地判断自己的转型方向时，还需要对以上提到的五个方面的影响因素进行进一步的综合分析和对比。综合分析了以上所有的影响因素后，还应当根据每个经销商自身的独特因素来判断适合自己的转型方向，这才能得到最科学和真实的结果。这正是后面几章我们需要重点讨论的内容。

第六章 十字路口的选择

在上一章中，我们讨论了影响经销商转型方向的五个主要因素，而这些因素确实推动和限制了各个行业中的经销商的未来之路。不过这五个因素并不是一直单独发挥影响的，从某个具体的行业来看，在大多数情况下，这些因素其中的几个在同时影响着经销商的转型方向。因此，影响经销商转型方向的五个因素只是奠定了进一步判断的基础，是给予经销商在未来转型方向上的具体帮助的起始。

那么接下来我们还需要探寻一种更为科学有效的分析方法，或者说是一个更符合客观规律的判断逻辑，进一步探索经销商具体的转型方向。而在这之前，我们首先需要确定分析的主体，即谁是我们进行分析的基本单位，很显然，分析每一个经销商是不可能的，也是不科学的。

一 行业和分类的视角

站在每个经销商的角度，如果希望得到对其未来转型方向的明确判断，必然要从成千上万的经销商个体中找到一个既具有足够的可分析性（主要是指分析的工作量能够承受），又合乎商业逻辑的分析主体。从行业的角度进行分析，或者说，以行业为分析主体是判断经销商的转型方向更适合的方法。相对于参照国外发达市场上的经销商发展历史（当然，如果采用这种方法判断国内经销商的转型方向，还需要结合各个国家与中国的多种差异），这种分析方法更侧重于从供应链（中国供应链的现状和发展趋势）的规律出发。

那么，判断经销商的转型方向就是分析在各个行业中的经销商的转型方向，也就是说，行业是将经销商归类的一个基本因素，同一个行业中的经销商有着类似的转型方向，因此，以行业为基本单位判断经销商的转型方向更便利更准确。其实在前面的讨论当中，始终贯穿着以行业为主体的分析思想，在此我们只是将其更明确的提示出来。

同一个行业中的经销商有类似的经营特征是显而易见的，因此站在行业的视角为我们分析经销商的转型方向有着重要的意义。正如上一章曾讨论过的五个影响因素：产品的技术特征、产品的标准化程度、行业的分销渠道结构、行业中的品牌化程度、行业内主要零售业态的发展状况，显然这五个因素都是在描述行业的特征，或者说是在描述行业与行业之间的差异。这五个影响因素是判断经销商转型方向的出发点，那么，以行业为分析单位也就成为了必然。

当然，并不是说一个行业中的经销商就必然会选择完全一样的转型方向，其中一个最大的变数是行业的主要零售业态的发展状况。因为行业的主要零售业态的发展状况与各个区域市场有很大的关系，在不同的区域市场，同一个行业的主要零售业态的发展状况也可能非常不同，那么这些都有可能使同一个行业中的经销商面临着不同的市场环境，也就会相应呈现不同的转型方向。比如，假设广东市场上文具连锁专业店发展比较成熟，那么广东的文具经销商开设文具专业店的转型机会就较少，假如在上海市场上文具连锁专业店发展很不成熟，那么上海的文具经销商转型为开设文具专业店的机会就大得多。

在判断经销商的转型方向时，分类是另一个重要的分析视角，虽然分类与行业看似有着类似的意义，但是这两者还是有着很大的不同，尤其是在判断经销商的转型方向时。首先，分类有助于使经销商兼顾厂商和零售商双方。一提起分类，很自然就想到了零售商，毕竟分类管理（品类管理）是零售商最基本的经营管理方法。更多地应用分类视角，可以使我们在分析时更多地从零售商的角度考虑问题。

比如，当经销商存在着转型为专业店的机会时，如果从分类的视角进一步分析，就可以使我们了解另一个重要的决定因素，即在当地市场上，以这个分类为核心建立专业店是否符合市场的需求。假如当地消费者对这个分类的购买量过小或者购买习惯仍然在其他的零售业态，那么即便当地市场还没有经营此分类的连锁专业店，经销商也不能贸然决定转型为零售商。很显然，以上的分析结果是从行业视角无法获得的，其实，分类的视角就是使我们具备更多的消费者视角。

其次，分类比行业有更宽泛的含义，一个分类中可能包含着多个相关行业。比如在个人护理品分类中，包含了护肤品、洗发品、染发品、洗手液、牙膏、除味剂、沐浴液、香水等。对于每个经销商来说，也许其业务范围恰好涵盖了分类中的所有行业，也许只经销了其中的几个行业的产品，而这对判断经销商的转型方向有着重要的参考价值。假如经销商只经营分类中少数行业的产品，那么即便他经营了这些行业中的大部分品牌，他转型为专业品类经销商和专业店的能力也仍然不足，因为他对分类中的很多行业还不熟悉，缺乏行业知识和经营经验。

总之，以行业为分析主体，更多地站在分类的视角上分析问题，是我们探索经销商未来转型方向的基本方法，也是保证最终的分析结果更趋科学和合理的基础。

二 经销商转型方向的判断逻辑

在经销商转型方向的判断中，即便我们强调以行业为分析主体，也并不意味着必须按照每个行业逐一进行分析，这样做的工作量非常巨大，而且也没有必要。其实，仍然从前面提到的五个影响因素出发，我们就可以得到一个简便有效的分析方法，即以五个影响因素组合产生的特征来归类各个行业，也就是说，我们只要分析五个影响因素所组合而成的特征就可以使我们的分析涵盖所有与零售业有关的行业。这是我们基本的判断逻辑。

比如产品没有安装、配件销售和维护等技术特征，产品在运输和库存等环节中也没有特殊要求，行业中的产品标准化程度和品牌化程度都很高，产品的分销主要集中在零售渠道中，行业中的主要零售业态已经发展很成熟；以上五个影响因素所组合的特征必然包含了很多行业，比如饮料行业、个人护理品行业等。如果五个影响因素变化为另外一种组合，那么这个组合特征则包含了另一些行业。

通过第五章的讨论，我们看到在五个影响因素的推动和限制下，传统经销商存在着六个主要的转型方向，即服务提供商、专业品类经销商、品类物流商（冷链物流商只是品类物流商的一种形式）、特殊渠道经销商、建立自主品牌和专业店。针对每一个转型方向分析这五个影响因素分别处于何种状态，才更适合其中的某一个转型方向；由于五个影响因素的不同状态组合而成的特征代表了一类行业，那么，在各个行业中的经销商就可以对号入座，准确地找到自己所在行业适合的转型方向了。

这五个影响因素的不同状态所构成的特征，也有可能指向多个转型方向。比如产品没有安装、配件销售和维护等技术特征，产品在运输和库存等环节中也没有特殊要求，行业中的产品标准化程度和品牌化程度都很高，产品的分销并没有集中在零售渠道中，非零售渠道占据了较大的销售份额，行业中的主要零售业态已经发展很成熟。那么，这五个影响因素在这种组合下，经销商存在着转型为品类物流商的机会，同时也存在转型为特殊渠道经销商的机会。

因此，在分析经销商适合的转型方向时，还需要进一步分析每个影响因素在某个转型方向上影响力的大小，也就是说，在面对每个转型方向时，这五个影响因素分别起到了不同的推动和制约作用。尤其是当五个影响因素组合而成的特征，使符合这些特征的行业中的经销商具有多个转型方向时，只有进一步分析每个影响因素不同的影响力，才能更明确地判断出经销商最佳的转型出路，以及次要的、不太乐观的转型方向。

由分析五个影响因素而得到的转型方向是一种客观存在的现实，是行业特征和供应链发展现状和趋势所共同决定的，也就是说，这些转型方向并不以经销商的个体意志为转移。但是，实际上每个经销商仍然是各不相同的，除了经销商经营者个人的好恶和能力因素之外，作为经销商个体还存在着一些相对客观的因素。

比如经销商经销分类中的行业产品多少，经营行业中的品牌情况（包括经营的品牌数量的多少，以及是否经营了行业中的强势品牌等），以及在当地市场上，同一个行业中是否还有其他经销商或其他经销商的实力强弱等。这些因素对经销商选择适合自己的转型方向也有很大的影响，比如，如果经销商经营的分类中的行业较少，其经销的产品主要集中在某个或为数极少的行业中，那么这个经销商转型开设专业店的困难会大一些；又比如，假设经销商所经销的品牌过少，甚至在某个行业中只经销一个品牌，那么即便存在转型为服务提供商的机会，经销商对这个转型方向的未来恐怕也不会有多大的把握。

因此，在判断经销商的转型方向时，首先通过分析五个影响因素的不同状态来确定各个行业中经销商客观存在的转型方向，当然也许同时存在着多个转型方向；然后再考虑经销商一些个体的客观因素，从而使转型方向变得更加清晰准确。那么，各个行业中的经销商的转型方向将会在逻辑分析中慢慢浮现在我们眼前。

第七章 经销商走向个性化的未来之路

只要经销商不是完全离开产品分销领域而进入其他行业，比如房地产、餐饮等，那么就可以在本章的讨论中找到更切实和明确的转型方向。各个行业中的经销商可以根据行业的具体特征和零售业态的发展状况，以及经销商自身的客观情况，寻找到更合适和更有前景的转型方向。当然，当各个行业中的经销商都找到了适合而科学的转型方向时，那么各个行业中的供应链就会处于更高效和合理的状况，这也将最终为国内供应链整体竞争能力的提升提供支持，并且通过供应链的优化节省的成本将会给消费者以更多的实惠。

通过前面的分析我们看到，经销商在行业特征和零售业态发展的共同影响下，存在着六个主要的转型方向：服务提供商、专业品类经销商、品类物流商、特殊渠道经销商、建立自主品牌和专业店。那么，到底什么样的经销商更适合哪个或哪些转型方向呢？对此我们应该如何做出更科学的判断呢？这些将是本章讨论的重点。

一 服务提供商

服务提供商是与经销商传统职能差异最大的一个转型方向，因为服务提供商的主要职能是为消费者提供各种服务，而不是分销产品。正如我们在前面讨论过的，经销商转型为服务提供商是行业中的厂商迫切的需求，厂商在全国各地建立独立的服务中心在经济上是不划算的，尤其是很多国内厂商还具备在各地建立分公司的能力（主要是缺乏相应的管理能力），那么，当地的经销商恰恰为他们建立服务中心提供了平台。

同时，零售商并不愿意将更多的精力投入到某些分类中的技术（包括售后、售前等）服务中，毕竟这些分类只是他们经营的商品中很小的一部分，卖场的现场顾客服务才是他们关注的重点。例如，虽然相对于国美等国内电器零售商而言，百思买（Best Buy）提供了更好的现场顾客咨询服务（他们在技术上提供的咨询服务与厂商相比仍然存在着很大的差距），但是很多电器产品（包括电脑、数码产品等）的安装、售后等服务仍然需要厂商提供。百思买在中国市场上刚刚推出的"安心保"服务计划，可以为顾客提供多种内容的上门服务，不过由于他们在国内覆盖的市场范围太小了，因此这种上门服务恐怕只是未来完善服务的一个方向而已。

在厂商和零售商共同的需求的影响下，经销商转型为服务提供商无疑是供应链赋予的新使命。很显然，只有那些需要更多的售前和售中咨询服务，以及需要提供产品安装、配件销售、保养和维修等服务的行业，才需要为消费者提供完善的服务平台，因此，也只有在这些行业中的经销商才具有转型为服务提供商的机会。

一个典型的例子是电脑行业，比如上海有很多小型的IT服务公司，他们并不是以销售电脑和各种软硬件为主，而是提供杀毒、维护电脑系统和网络等服务性工作。这些服务公司往往是由原来销售电脑和软硬件的经销商转型过来的。随着电脑和网络使用量的不断增加，以及各地中小企业的不断涌现，IT服务商的市场规模还将不断扩大，而销售电脑的经销商其生存空间将会逐渐被大型连锁超市（包括大卖场、电器专业店、电脑专业店、网上超市等）所取代。

从前面讨论过的影响经销商转型方向的五个因素来看，产品的技术特征无疑是推动和制约经销商转型为服务提供商的最根本的因素，其他几个因素只发挥一些微弱的影响。明确其他四个因素对转型为服务提供商的影响也可以使各个行业中的经销商能够对自己的转型前景做出更准确的判断。

从产品标准化程度的角度来看，毫无疑问，如果行业中的产品标准化程度很低，那么，消费者在购买这个行业中的商品时，必然需要更多的售前、售后等服务，尤其是售前的咨询服务，那么，这些行业中的经销商转型为服务提供商当然具有更为有利的条件。反之，如果行业中的产品标准化程度很好，消费者对产品比较熟悉，行业的技术也发展得比较成熟，那么，为消费者提供的各种服务就会相应减少，显然，这将不利于经销商转型为服务提供商。不过产品的标准化程度给经销商转型为服务提供商带来的影响并不是决定性的，它只是经销商在转型为服务提供商的大路上的一块绊脚石而已。

行业的分销渠道结构与经销商转型为服务提供商基本上没有直接的关系，不管行业中的分销渠道是多是少，为消费者提供的服务总量是不变的。唯一的影响是如果行业中存在着更多的分销渠道，那么，有可能导致厂商将服务分摊到各个渠道的经销商，从而减少单个经销商的服务总量。

行业中的品牌化程度对经销商转型为服务提供商的影响也微乎其微，只不过当行业中的品牌化程度比较高时，会导致这样两种情况：第一，厂商为了维护自己的品牌形象，而非常重视对消费者的各种服务，那么，他们可能会倾向于自己建立服务平台，这当然就减少了经销商提供服务的总量；第二，由于行业中存在着各个强势品牌，它们在竞争中互不相容，也许会导致他们在为消费者提供服务方面也存在着互相抵触的情况，那么经销商可能只能帮助某些品牌提供服务，而无法将另外一些竞争品牌的服务纳入到自己的业务中来，当然，这也减少了经销商提供服务的总量。

行业的主要零售业态的发展状况对经销商转型为服务提供商，也存在着一定的影响。实际上，行业的主要零售业态发展得越成熟也就越有利于经销商的转型，因为具备现代零售业特征的零售商不愿意提供更多的卖场之外的服务，那么他们就会在无意中支持经销商向服务提供商转型。如果行业中仍然是以厂商的专卖店和经销商负责零售为主，那么，经销商就无法向服务提供商方向转型，因为这些零售终端本身就是服务平台。

最后，经销商的个体客观因素也会对他们转型为服务提供商带来一定的影响。显然，如果经销商经销的品牌较多，当然有利于他们转型为服务提供商了；此外，如果在当地市场上，同行业内的经销商很少，甚至只有一家，那么也将更有利于经销商的转型。反之，虽然从市场的角度来看，存在着转型为服务提供商的最佳机会，但是对于某个具体的经销商而言，由于其自身的某些客观因素制约也许转型为服务提供商并不是一个最佳选择。

二　专业品类经销商

专业品类经销商①是指经销商将经营的产品集中于某个或者某几个密切相关的行业中，而不是盲目的跨越很多个分类。比如集中于饮料、调味品、个人护理品、炊具、学生文具、小家电等，那些既经营饮料又经营调味品、个人护理品等的经销商，当然不是专业品类经销商。成为专业品类经销商更为强调的是对行业知识和经营经验的积累，比如行业最佳的促销方式、展示方式，以及当地消费者对行业产品的看法等。专业品类经销商在这方面应该比零售商有更专业的能力，这也是零售商需要专业品类经销商存在的基础，换句话说，经销

---

① 我在《供零战略》一书中对"专业品类经销商"有详细的讨论。

商只是简单地将经营的产品集中于某个分类是远远不够的。

专业品类经销商只专注于经销某个或者某几个商品分类，会给经销商带来几个优势：第一，经销商致力于经销几个分类中的产品和品牌，很容易使经销商经销的品牌数量占据零售商分类中总品牌数量很大的比重。比如超过零售商分类中总品牌数量的30%以上时，经销商相对于零售商就形成了品牌数量力量，当零售商某个分类货架的1/3甚至1/2的品牌在经销商手中时，零售商就已经开始对经销商有所忌惮了。

第二，专业品类经销商在零售商分类中掌握的品牌数量众多，也同时意味着经销商在这个分类中的总体销量份额也会很大，那么经销商会与分类中的知名品牌厂商一起成为零售商分类中的重点供应商，这无疑又增加了专业品类经销商相对于零售商的力量。

第三，经销商长期经销一个或者几个分类的品牌，容易对此分类的理解和认识越来越专业，有利于他们成为此分类的经营专家，而经销商的分类专业能力将会为他们给零售商甚至生产商提供更好的建议提供专业支持。比如，家乐福就曾经请上海一家专业品类经销商帮助他们寻找四川的一个产品。

最终，专业品类经销商相对于零售商形成的力量都会转换成更低的费用、更快的新品进店速度及更有力的新品进店保证，同时也更容易解决日常合作中出现的各种问题，比如物流、价格、损耗、产品质量等等。

实际上，专业品类经销商是最接近于经销商传统职能的一个转型方向，不仅其核心的各种职能仍然发挥作用，甚至更强化了某些营销职能。比如，专业品类经销商应该具有更专业的产品组合能力，这样才能为零售商提供更适合的产品和品牌，而在这方面，经销商往往缺乏科学的方法和思想；此外，经销商帮助零售商对产品在日常销售中的绩效进行分析，也是体现专业品类经销商专业能力的所在，因为零售商无暇顾及每个单品在每个门店每个月的销售表现，因而不可能一一对其进行绩效分析。可惜的是，这方面同样是很多经销商的弱势所在。

因此，我们再次强调，转型为专业品类经销商不仅是将产品集中到某个或某几个相关的分类中，更重要的是要具备更为专业的行业经营经验。而这些行业经营经验的获得并不能完全依靠厂商的培训，因为厂商更多的是站在品牌的角度协助经销商的经营，他们同样缺乏站在分类角度的经营经验。中国的现代零售业也处于发展阶段，大多数零售商的分类经营经验极其欠缺，经销商也难以从他们身上学习到更多的行业经营经验。因此，经销商的行业经营经验还是要依靠自己的能力在日常经营中不断积累和探索。

从产品的技术特征角度来看，零售商感到经营非常困难的分类也就是适合经销商转型为专业品类经销商的行业。这些行业往往具有如下特征：产品的保质期较短、产品需要再加工或包装、产品的规格型号功能等非常多、产品的季节性强等。如果在某些分类中，零售商感到经营非常容易，那么他们是不会支持这些行业中的经销商长期存在下去的，一旦时机成熟，他们必然会要求这些行业中的厂商取消经销商环节。

因此，随着各个行业的逐渐成熟，很多产品特征会随之发生变化，比如产品不再需要再加工和再包装或者由零售商负责再加工和包装，产品规格型号功能逐渐减少等。随着零售商经营经验的积累，他们也会慢慢掌握各个分类中产品的保质期管理和季节性管理等问题。那么，在这种变化趋势之下，经销商将会慢慢失去作为专业品类经销商的价值，由此看出，专业品类经销商在行业中产品技术特征的变化影响下，其生存空间也会随之被压缩。

很显然，行业中产品的标准化程度越低，产品规格型号功能等也就越多，同时也就增加了零售商经营这些分类的难度，而且，对于非标准化产品的组合也是零售商非常头痛的事情，因为对于非标准化产品其特点的把握，以及消费者对行业中产品看法的理解都非常困难。那么，零售商就会在标准化程度很低的分类中更依赖经销商，这也意味着在这些行业中的经销商更适合转型为专业品类经销商。

实际上，行业的分销渠道结构对是否转型为专业品类经销商几乎没有影响，因为专业品类经销商只对现代零售渠道有意义，而非零售渠道对经销商的核心能力要求往往与行业的经营经验无关。比如做企事业单位客户的经销商需要建立起更强的客情关系能力，餐饮渠道需要经销商具备更多的烹饪知识和餐饮顾客知识等。

行业中的品牌化程度越高对转型为专业品类经销商越不利，因为如果行业中集中了几个大品牌，那么他们无疑更有能力与零售商直接合作，而且这也是零售商的需求。相反，品牌化程度很低的行业中的经销商更适合转型为专业品类经销商。行业中的品牌化程度低，也就意味着行业中存在着很多中小品牌，首先，这些中小品牌不具备直接与大型零售商合作的能力，他们迫切需要行业中的经销商帮助他们将产品分销到各地的零售渠道中；其次，面对分类中众多的中小品牌，零售商也希望有经销商帮助他们进行合理的组合，并更多地担负起日常的经营职责。

如果行业的主要零售业态发展不成熟，或者说，行业的主要零售业态中的零售商的经营管理还相对落后，那么这些行业中的经销商转型为专业品类经销商的机会就较大，因为这些零售商需要在各个分类的经营中得到经销商的帮助，在有的超市甚至出现了将某个分类乃至整个部门外包给经销商的经营模式。但这还要综合考虑前面提到的一个影响因素，即行业中的品牌化程度，如果行业中的品牌化程度很高，那么即便零售商的经营管理能力不足，他们也会希望由厂商来提供支持，而不是通过经销商，这就如电器零售商中的国美、苏宁等的做法。

由于各地市场上的零售业态发展极其不均衡，而且大多数零售商的经营管理水平都不高，因此给经销商转型为专业品类经销商提供了很大的空间。比如在很多二级以下的市场上，全球性的大型零售商还未发展到那里，即便偶尔有几家门店，他们的市场份额也远远小于当地零售商，可以说他们对当地市场的影响微乎其微。而当地零售商的经营管理能力比较弱，他们确实需要当地经销商在各个分类中给予他们大力的支持。从这个角度来看，二级市场以下的经销商转型为专业品类经销商有更长的生存时间。

在判断是否能够转型为专业品类经销商时，经销商自身的一些客观因素也会构成很大的影响。比如经销商所经销的行业中的品牌如果过少就会使他们的转型过程变得非常艰难，毕竟增加分类中的品牌数量的决策权并不完全掌握在经销商的手中，甚至更多的时候掌握在厂商的手中。因此，经销所在行业品牌的多少是经销商转型为专业品类经销商的一个基本前提。

如果在当地市场上同一个行业中存在着多个经销商，那么这在客观上也阻碍了经销商在行业中经销更多的品牌，如果这种多个经销商的渠道模式是来自于厂商或者行业习惯，那么经销商转型为专业品类经销商之路将会变得更为艰难。此外，如果经销商经营的时间较短，那么他们在行业经营经验的积累上也会欠缺较多，因而无法更好地满足零售商在行业经营方面的专业需求。

三　品类物流商

转型为物流商是当今国内市场上的经销商一个最主流的方向，实际上在各个行业中已经有很多经销商完成了这样的转变。这种选择是合乎情理的，毕竟在经销商的传统职能中，物流是其中一个重要的部分，经销商对此并不陌生；而且在经销商的各项传统职能中，物流职能也是最简单的一个，因此在来自厂商和零售商的重压之下，经销商选择转型为物流商也是最容易操作的，毕竟提高营销水平和分类（品类）管理能力要比提高物流水平难度大得多。

其实在很多行业中，经销商转型为物流商都是一项无奈之举，因为在这些行业中几乎没有其他可以选择的出路。比如行业中的产品没有安装、配件销售和维护等技术特征，产品在运输和库存等环节中也没有特殊要求，行业中的产品标准化程度和品牌化程度都很高，产品的分销主要集中在零售渠道中，行业中的主要零售业态也已经发展得很成熟。在具有以上特征的行业中的经销商，如果选择不离开产品分销这个领域，那么，选择做物流商恐怕就是唯一的出路了。

当然在一般情况下，物流商的平均毛利率水平比较低，与其他转型方向相比甚至可能是最低的。那些从经销商转型而来的物流商大都是规模较小的区域性（甚至是城市）物流商，他们无法依靠可观的生意额获得较高的利润额。因此，当行业中的经销商存在着多种转型方向，且经销商自身的能力也比较强的情况下，更多的考虑选择其他的转型方向，也许是较为明智的做法。

我们在此提到的转型为物流商，并不是指泛泛的物流商，而是重点强调转型为品类物流商。品类物流商与普通物流商的区别在于，品类物流商只将经营的范围固定于一个或者几个相关的分类中，而并不是毫无限制的经营所有分类的产品。品类物流商可以依靠其掌握的行业物流条件获得更高的毛利率水平或者更多的业务量。比如冷链物流商可以依靠其冷链设备和冷链专业管理经验成为当地市场上唯一或者最专业的相关品类的物流商。又如文具行业，由于分类中的单品数量繁多，而每个单品的销量都不是很大，这就对物流产生了一定的影响，即每次送货数量少、送货频率高、超市的退货多等，那么，品类物流商就可以依靠自己对文具行业物流特征的了解，以及对零售商采购部文具部门人员和门店人员的熟悉，帮助厂商和零售商更好地解决物流中的问题。

在很多行业中，如纺织品、手机等，由于产品的特点、新品太多和频繁促销等因素，而使经营者无法获得精确的销售预测，那么，这就容易导致物流的复杂程度增加，也就是说，物流的不稳定性增加。如果物流商对这个行业不熟悉，那么，他们就很难满足厂商和零售商的物流需求，同时也很容易导致自己在物流服务中难以赢利。因此，这恰恰是由经销商转型而来的品类物流商能够更好施展其长项的空间，多年积累的行业经验使他们对解决这些行业中的物流问题更加得心应手。

在不同的行业中，消费者和零售商对物流服务有不同的要求，这在客观上也要求市场上出现以品类为核心的物流商。比如，很多商品并不是消费者每次必须买走的，也就是说，即便超市的货架上缺货，顾客也完全可以下次再买，像休闲食品、根茎菜、衬衣等，虽然超市缺货会造成顾客的不满，但是并不会影响到消费者的日常生活。而在另一些行业中，比如盐、酱油、猪肉、饮料（口渴时）等，如果超市缺货就可能会导致无法满足消费者烧菜、解渴等紧急需求。

对于零售商来说也一样，对于不同的分类有着不同的物流服务水平要求。有些分类中的商品，零售商对物流服务并没有太高的要求，比如一般的包装食品、家庭用品、洗衣粉等。而对于有些分类中的商品，零售商对物流服务的要求会非常高，包括送货的车辆、送货的频率和时间等，比如猪肉、蔬菜、电器、服装等分类中的商品。

那么，物流商为不同客户要求的不同的物流服务水平，以及零售商对不同的分类要求的不同的物流服务水平，提供相应的差异性物流服务就是对供应链的优化。显然，对于不需要更高物流服务的分类提供过多的物流服务，这无疑是对供应链资源的浪费。当然，市场对物流服务的差异性需求，为经销商转型为品类物流商带来了更大的推动力量，毕竟只有这些以分类为核心的物流商才有可能分别为整个供应链提供差异性的物流服务。

在转型为品类物流商的过程中,产品的技术特征对经销商的判断有一定的影响。比如产品的保质期较短、产品需要再加工或包装、产品的规格型号功能等非常多、产品的季节性较强的行业,更有利于经销商向品类物流商转型。当然,这并不是决定经销商转型的根本因素,只不过在这些分类中的经销商能够比较轻松的获得更高地毛利率水平,以及更多的生意量。

产品的标准化程度对经销商转型为品类物流商的影响不大。如果行业中的产品标准化程度很低,会在一定程度上增加这个行业物流的难度,实际上,也就是增加了这个行业在物流要求上的差异性,这当然对经销商转型为品类物流商是非常有利的。比如在炊具行业中产品的标准化程度较低,各个品牌所用的材质、技术标准、型号规格、功能等千差万别,那么,这无疑会带来物流上的难度。不过,随着行业产品的标准化程度不断提高,行业的物流差异性将会被不断削弱,那么,品类物流商在供应链中的价值也就相应被弱化了,最终对于供应链来说,他们与普通的物流商也就没有什么差别了。

行业的分销渠道结构对经销商转型为品类物流商的影响更微小了,甚至到了可以忽略不计的地步了。由于零售渠道在物流上与非物流行业的差异较大,或者说,零售商对物流服务的要求一般会更高一些;因此,即便行业的分销渠道比较复杂,有很多非零售的其他渠道,但这些渠道中的物流业务也并不能对经销商向品类物流商方向转型施加影响。

行业中的品牌化程度只对经销商向品类物流商的方向转型有一个侧面的影响。当行业中的品牌化程度很高,几个强势品牌集中瓜分市场之后,这些强势品牌必然对物流商提出更高的要求,也就是说,只有那些具备更专业的经营能力的品类经销商才能被厂商选中。此外一个相反的影响是,随着行业中品牌化程度的提高,行业中的品牌数量在减少，剩下的若干大品牌之间充满了竞争情绪，这将增加阻碍或者拆散品类物流商的力量。

如果行业的主要零售业态发展不成熟的话，那么零售商对经销商作为专业品类经销商的需求将比作为品类物流商更为迫切。从经销商的角度考虑，当然应该首先选择转型为专业品类经销商了，这不仅对供应链的贡献更大，而且也提高了经销商的赢利能力。然后，随着行业的主要零售业态发展逐渐成熟，经销商也逐步地从专业品类经销商向品类物流商转变。其中的风险在于，随着零售商经营管理水平的提高，那些在物流服务方面缺乏差异性的行业将不再需要品类物流商，而由普通的物流商配送那些在物流上较少差异性的行业的产品，这同样会更有利于供应链的优化。

在判断经销商自身因素对其转型为品类物流商的影响时，与经销商转型为专业品类经销商有类似的情况。比如，如果经销商所经销的行业中的品牌过少，就会使他们的转型过程变得非常艰难，同样是因为增加经销品牌的主动权不在经销商的手中。因此，经销的行业中的品牌多少也是经销商能否转型为品类物流商的一个基础前提。如果在当地市场上存在着同行业的其他经销商，那么经销商日常积累的行业物流方面的专业经验，将是决定其转型为品类物流商能否成功的关键因素。

四 特殊渠道经销商

我们在此讨论的特殊渠道经销商是指专注于非零售渠道的经销商。很显然，经销商是否具有转型为特殊渠道经销商的机会，与经销商所在行业的分销渠道结构有着直接的关系，而与产品的技术特征、产品的标准化程度、行业中的品牌化程度等因素没有必然的联系。只有那些存在着非零售渠道，以及非零售渠道所占的销售份额比较大的行业，经销商才有转型为特殊渠道经销商的机会。

经销商转型为特殊渠道经销商，脱离了烦琐复杂的零售渠道，经销商的各种传统职能可以继续在非零售渠道中发挥作用，比如产品分销职能、销售职能、营销职能、库存和配送、对厂商的资金支持等。而且相对于零售渠道来说，经销商与非零售渠道的合作过程会更容易。与客户保持良好的关系，而不是更高的营销和内部管理水平，往往是与很多非零售渠道合作的重要因素。因此，虽然不能说转型为特殊渠道经销商完全是一种逃避，但是对于很多经销商来说，与非零售渠道合作会使自己感到在经营中更加得心应手。

大多数行业除了零售渠道之外，都存在多个非零售渠道，因此，这些行业中的经销商往往要面对多个转型方向的选择，当然转型为特殊渠道经销商是其中之一。在面临选择时，经销商自身的客观因素往往会起到决定性的影响，而不是各种行业和市场因素。虽然行业中的主要零售业态的发展状况对经销商转型为特殊渠道经销商存在着一定的影响，也就是说，行业中的主要零售业态发展得越成熟，其中的零售商发展得越强大，他们对经销商提供服务的要求就会越高，当然也就给经销商带来了更大的压力。

但是真正左右经销商是否选择转型为特殊渠道经销商的因素，还是经销商自己的经营能力及其提升的机会。如果经销商的经营能力不是很高，而且其经营者及团队缺乏继续提高经营能力的愿望和学习能力，那么，转型为特殊渠道经销商将会是一个不错的决策。当然，如果经销商的经营能力较高，而且有很强的学习能力，那么选择其他的转型方向或者只是将特殊渠道作为附带的业务还是值得考虑的。毕竟相对于零售渠道来说，很多非零售渠道的不稳定性因素更多，这自然就增加了经销商经营中的风险。

五　建立自主品牌

　　建立自主品牌一直是经销商所追求和向往的转型方向。经销商拥有的最有价值的资源就是多年积累而成的分销网络，那么与其只是在分销网络中经销厂商的产品，不如同时销售自己的产品，这样可以更充分地发挥分销网络的价值，而且自主品牌还可以带来更高的销售毛利。不管怎么说，经销商向上游厂商的转型总是预示着市场地位的提升，同时，贴牌生产形式在国内的普及，使经销商建立自己的品牌变得更加容易了。

　　产品的技术特征对经销商建立自主品牌存在着一定的影响。但产品是否需要安装、日常维护，以及产品的保质期长短、是否需要再加工或包装、规格型号功能等的多少、季节性强弱等因素，对经销商建立自主品牌的影响不大，产品的技术特征中最具有影响力的是产品的开发难度。如电器产品、数码产品等行业中的产品，技术含量较高、产品的更新换代速度比较快，在这些行业中产品开发的难度太大，经销商不适合建立自主品牌。反之，在那些无需进行复杂的产品开发的行业中，经销商建立自主品牌成功的可能性就会大一些，比如很多包装食品、家庭用品、袜子行业等。

　　产品的标准化程度对经销商建立自主品牌也会有些微弱的影响。产品的标准化程度也意味着行业的成熟程度，也就是说，产品的标准化程度越高，说明行业发展得越成熟。那么在产品标准化程度很高的行业中，也就是在行业发展非常成熟的市场上，在产品上寻找差异性的机会就不大了，那么市场的竞争将主要集中在品牌的竞争上。但是这对经销商往往是不利的，因为与厂商相比，经销商塑造品牌的能力和实力一般还是存在着很大差异的。相反，在那些产品的标准化程度不高的行业中，寻找产品上的差异性就会容易得多，而通过差异性的产品而不是品牌占据一定的市场份额，对于经销商来说更容易做到。

比如在蔬菜行业中，由于产品完全没有标准化，而且也不像其他产品那样需要有复杂的产品开发和生产过程，因此在蔬菜行业中就一直存在着经销商建立自主品牌的机会。在有些行业中，由于产品过于通用化，而没有进行充分的市场细分，因此也更有利于经销商建立自主品牌。经销商在建立自主品牌时，很容易对产品稍作改动而满足某个特定的细分市场，这个细分市场可以说是一个被此产品开发出来的空白市场，当然，这也就在很大程度上弥补了经销商在建立品牌方面能力不足的问题。

行业的分销渠道结构对经销商建立自主品牌有较大的影响。首先，在那些以传统渠道为主的行业中或者是在现代零售业不发达的市场中，产品的分销往往要依靠各地的经销商来完成，因此，在促进产品销售的各个营销因素中，分销网络的力量变得异常重要，甚至超越品牌起到了最关键性的作用。在以传统渠道为主的市场上，不仅分销渠道的重要性使品牌黯然失色，而且这些市场中消费者的品牌意识并不是特别强烈，也在很大程度上抵消了强势品牌的力量。因此，在以传统渠道为主的行业中的经销商，以及处于以传统渠道为主的市场上的经销商，建立自主品牌的成功性更大一些。

其次，如果行业存在着更多的分销渠道，那么寻找到厂商品牌力量薄弱的渠道的机会就更大一些，或者说，寻找到品牌意识仍然薄弱的渠道的机会更大一些，这将有利于经销商利用自己的销售网络优势将自己的产品轻松地分销到这些渠道中。因此，从分销渠道的角度来看，只有在分销渠道的力量大于品牌力量（不管是由于消费者的品牌意识薄弱，还是由于行业中的厂商还没有建立起强势品牌）的行业中和市场上，经销商建立自主品牌成功的机会才会更大一些。

在所有的影响因素中，行业中的品牌化程度与产品的技术含量，对经销商建立自主品牌有着同等重要的影响。行业中的品牌化程度越高，首先意味着行业中已经形成了几个强势品牌，中小品牌大多数已经消失或者被大品牌收购；其次也说明消费者在购买行业中的产品时的品牌意识非常强，那么，在这些行业中，经销商建立自主品牌成功的机会就会少一些。反之，只有在那些品牌化程度不高的行业中（或者品牌化程度不高的市场上），经销商的自主品牌才有可能依靠其销售网络优势从厂商的手中抢得一部分市场份额。

因此，从品牌管理的角度来看，经销商建立的自主品牌其实不如说是自主产品，因为建立起一个真正具有价值的品牌，不仅需要卓越的品牌管理技术，还需要长期的时间积累，从这两个方面来看，经销商的自主品牌其实大都还不具备真正的品牌价值。就如零售商的自有品牌在开始的阶段，不是叫自有品牌（Private Brand），而是被称之为自有商标（Private Lable），它们其实就是被贴上零售商商标的一个产品而已。

零售商建立自有品牌依托的是他们掌握的货架空间，这一直是厂商和经销商所向往的资源，经销商建立自主品牌的依托是其分销网络，而厂商的品牌建立是依托于其产品开发。在现代渠道发达的市场上，零售商所拥有的货架空间价值往往大于经销商所拥有的分销网络价值，因此，从这个角度来看，零售商的自有品牌获得成功的机会要远远大于经销商的自主品牌。

行业的主要零售业态的发展状况对经销商建立自主品牌的影响，前面已经做过侧面的讨论。显然，如果经销商所在的区域市场上，行业中的主要零售业态仍然是以传统渠道为主，那么，经销商所拥有的分销网络价值就会更大，其自主品牌取得成功的机会也会更大。如果经销商所在的区域市场上，现代零售业发展非常成熟，那么由于经销商所拥有的分销网络价值的降低，经销商在建立自主品牌时便无法借助其分销网络的支持，而只能完全从行业的市场角度来分析了，也就是说，在这些市场上，经销商自主品牌的成功与否，更多地受到行业特征和市场现状的影响。

正如前面曾讨论过的，建立品牌是营销管理中最复杂的一项工作，不仅需要具有品牌管理的卓越能力，还需要经过多年的时间积累和沉淀，甚至是经历整整一代人的时间积累才能建立起品牌真正的差异性。从这个角度来看，经销商建立自主品牌的成功之路还是非常漫长和艰辛的。因此，在现代渠道为主体的市场上的经销商（即便现在处于传统渠道为主的市场中，将来也必然要面对现代渠道的市场环境），在其分销网络价值降低的情况下，又很难建立与厂商抗衡的品牌管理能力和产品开发能力，那么只能选择竞争薄弱的、较小的细分市场和中低端定位的产品，这恐怕是这类经销商自主品牌较合适的位置了。

归纳起来，经销商建立自主品牌获得成功必须具备的关键因素是：渠道机会、行业机会和市场机会。如果经销商仍然处在以传统渠道为主的市场上，那么经销商依靠其拥有的分销网络资源，可以使自主品牌更容易获得成功；如果行业中产品的技术含量以及品牌化程度都不高，那么，经销商在这些行业中建立自主品牌也将更容易成功；最后，如果在某个行业中，存在着品牌竞争薄弱的细分市场或者存在着中低端定位的市场机会，那么经销商选择开发有针对性的自主品牌也将使产品的销售过程变得更加轻松。

六　开设专业店

由于中国的零售市场尚处于发展阶段，各个零售业态发展的都还不成熟，即便是发展最快的大卖场和电器专业店，从整个国内市场的视角来看，仍然存在着很大的发展空间，业态内部的整合也异常激烈。因此，转型为开设专业店是经销商一个非常有前景的方向，正是国内零售市场的发展给经销商提供了另一个生存和发展的机会。当然，经销商转型为专业店，并不是指开设大卖场（对于所有经销商来说，开设大卖场并不是绝对没有可能的），而是指转型为经营各个行业产品的专业店。因为大卖场对经营者的投资和经营管理能力有更高的要求，而这些要求与经销商通常所具备的能力并不匹配。

经销商在准备开设专业店时，首先要考虑开设自己所在的行业的专业店是否在市场上成立，或者说，这个行业中的专业店是否能吸引足够多的顾客前来购物，专业店的营业额能否保证赢利。消费者的购买习惯是衡量某个行业中的专业店是否成立的决定性因素，对于任何一个行业来说，消费者必须同时具备以下两个购物习惯，才能保证这个行业中的专业店能够在理论上获得成功（此时，还涉及不到专业店的经营管理问题）。

第一，消费者在购物时必须将这个行业中的产品作为目的性购买的商品。"目的性购物"是指，消费者会为了购买这些商品而特意去超市购物，而不是等到去购买别的商品时顺便购买。比如消费者会为了购买猪肉、牙膏、酱油、洗发水、内衣、卫生纸、电脑、手机、文具、炊具、书等商品特意去超市。但是当消费者想购买纸杯、餐巾纸等商品时，则会在购买其他商品时顺便购买，而不是特意去超市购买它们，当然我们只是举例，实际上，对于不同消费水平和消费习惯的消费者来说，他们对同一个分类的商品是否是目的性购买的选择是不一样的。

显然，如果消费者在购买某个分类中的商品时，是明确的目的性购买，那么，他们就有可能去经营这个分类的专业店去购买这些商品，而不是一直去大卖场购买。也就是说，开设专业店实际上是争夺大卖场（包括大型的电器、建材等专业店）现有的顾客，那么也就意味着改变了消费者的购物习惯，比如从习惯到大卖场购买洗发水变为习惯去屈臣氏等专业店购买。反之，如果消费者在购买某些商品时是非目的性购买，他们只是在购买其他商品时顺便购买这些商品，那么，他们就很难改变购买习惯去经营这些分类的专业店去购买，自然这个行业的专业店在理论上就是不成立的。

第二，消费者固定购买行业中的产品，也就是说，消费者对于某些商品形成了固定使用（食用）的习惯。比如在一般的城市市场上，消费者已经习惯使用热水器洗澡，夏天使用空调降低室内温度，炒菜时使用包装油，而在很多农村市场上，只是少数消费者使用微波炉和空调，很多消费者仍然在用散装油炒菜。很显然，那些被消费者形成了固定使用（食用）习惯的分类，就会有稳定的销售量，这是建立某个行业产品的专业店的市场基础。

这对于专业店来说至关重要，因为专业店只经营少数相关分类的商品，如果这些分类的销量太小，这个行业的专业店就失去了生存价值，他们从理论上来说就是不成立的。但是相对于大卖场来说，这个因素并不是一个关键问题，因为他们经营的分类非常丰富，足够的毛利空间容纳部分销量极小的分类，大卖场希望这些分类能够提高其商品选择多样化的形象，从而提高顾客的满意度。

因此，必须同时满足以上两个行业条件，即消费者将这个行业中的产品作为目的性购买的商品，以及行业中的产品被消费者固定购买，这个行业中的专业店才有生存在市场上的可能性，也就是说，从理论上来看这个行业的专业店是成立的。当然，我们所讨论的两个行业条件是针对于各个区域市场而言的，因为每个区域市场上消费者的消费水平和消费习惯都不同，那么，也就导致消费者在以上两个市场条件中，有了不同的购买和使用（食用）习惯。因此，经销商只要考察当地市场上的消费者在以上两个市场条件上的习惯就可以做出明确的判断了。

除了以上讨论的消费者对行业中产品的购买和使用（食用）习惯之外，行业特征也对专业店的建立有很大的影响。当然，行业特征的影响是对消费者购买和使用（食用）习惯的补充，也就是说，消费者的购买和使用（食用）习惯是判断行业中专业店是否能够成功的决定性因素。

如果行业中的产品有较复杂的技术含量，并且需要安装、日常维护等，那么专业店相对于大卖场（包括大型的电器、建材等专业店）来说就具有了更大的优势。因为一般情况下，大卖场并不擅长也不愿意提供卖场之外的各种服务，而专业店的特点就是给顾客提供更专业的服务。另外，从零售商的角度来看，如果经营行业中的产品非常困难和复杂，那么，这个行业中的专业店也会有更大的优势。因为大卖场经营的分类太多，无暇顾及到每个分类，当然就更无法应付那些经营复杂烦琐的分类了，而专业店恰恰是经营这些行业产品的专家，并且其全部精力都集中在这些行业中的产品上，因此专业店比大卖场在经营这些商品时，具有更专业的服务能力，自然更能吸引顾客。

美国的施耐普公司就是一个明显的例子，他们是生产剪草机的专业厂商，其产品畅销世界各地。当他们以一款具有极低价格的剪草机开始与沃尔玛合作后，其产品的价格在沃尔玛的压力下不断降低，施耐普公司的赢利能力也逐年下降，最终甚至影响到了产品质量和新产品的开发速度。最后，施耐普公司决定将产品撤出沃尔玛，停止与沃尔玛的合作，而重新重视和支持其产品在各地经销商的门店中的销售。这些经销商的门店做得非常出色，他们帮助顾客选择产品规格，提供维修和保养方面的建议，并教给顾客们如何使用剪草机修剪不同的草。经销商的门店提供的专业服务是沃尔玛无法提供的，他们不断帮助施耐普公司提高销量和服务品质，想购买剪草机的消费者越来越多地从沃尔玛转向了经销商的门店。

产品的标准化程度对开设专业店也有一定的影响。如果产品的标准化程度很低，那么，对于零售商来说，他们经营这些分类的难度就比较大，正如前面讨论的，在这样的分类中，专业店比大卖场（包括大型的电器、建材等专业店）具有更大的优势。比如蔬菜、水果、面包、学生文具等行业中的产品标准化程度较低，在这些行业中开设专业店成功的可能性就会更大一些。当然，为了讨论的方便，以上的举例只是根据产品的标准化程度这一个因素做出的判断。

行业的分销渠道结构对开设专业店没有太大的影响。当然，如果某个行业零售渠道的销售份额太小，也就意味着将来开设的专业店的市场规模会很小，自然不利于在这个行业中开设专业店。但是这也给经销商提供了另一个机会，即将专业店的顾客定位于专业客户，也就是各个非零售渠道中的客户，比如餐饮店、企事业单位、夫妻店等。那么实际上，这种类型的专业店就非常类似于麦德龙和沃尔玛山姆会员店了，即典型的以批发为主的会员店业态。

行业中的品牌化程度越低越有利于开设专业店。首先，从消费者的角度来看，行业中的品牌化程度低就意味着消费者在购买这个行业中的产品时，并不非常看重对品牌的选择，那么专业店的品牌或者专业服务就成为吸引顾客的重要因素；其次，行业中的品牌化程度低，说明行业中存在着更多的品牌和产品，那么就为开设专业店时选择商品提供了更大的选择余地；最后，行业中的品牌化程度低往往也意味着行业中的厂商力量相对较弱，那么经销商开设专业店时在与厂商的谈判中就容易获得更有利的地位。

在分析行业中的品牌化程度时，还隐含着一个与专业店极其相关的问题，即品牌专卖店。在多年前的国内市场上，很多家电厂商由于受到电器零售商的巨大压力，争相开始自建渠道，也就是开设自己的品牌专卖店，但是这些专卖店的结果我们都有所了解，其实发展的都不是很好，或者说，这些专卖店的生存越来越艰难。

其实导致这些专卖店生存困难的根本因素正是各个家电行业中的品牌化程度问题，在空调、冰箱、微波炉、饮水机等家电行业中的各个细分行业中，品牌化程度还不够高，也就是说，消费者对某个品牌并没有形成强烈的忠诚度，或者说，家电行业中某个品牌的极度忠诚消费群体太少了。在这种情况下，消费者就不会在购买家电产品时，轻易改变去国美、苏宁等电器专业店购买的习惯，而专程去某个品牌的专卖店中购买。显然，这些品牌的吸引力不足以改变消费者在购买家电产品时的习惯。

如果在某个区域市场上已经存在了某个行业中的连锁专业店，这当然对经销商能否开设专业店有一定的影响。如果现存的专业店的经营管理水平较高，而且其门店的选址也非常合理，门店覆盖的范围也足够广泛，那么，对于经销商新开专业店就构成了比较大的阻力。如果经销商强行开店的话，必须对即将开始的残酷竞争有所准备。反之，如果现存门店的经营管理水平不高，其门店数量也不多，那么经销商新开店所遇到的阻力就小得多。

从经销商自身的客观因素来看，经销更多的品牌和产品，尤其是经销更多的相关分类的产品，有助于积累更多的行业经营经验，更了解当地消费者对本行业产品的需求特征，这样的经销商当然就具有更强的能力开设专业店。不管经销商愿不愿意转型开设专业店，各个行业中的专业店早晚都会慢慢出现在市场上。与其他投资者相比，经销商开设专业店无疑的是最佳投资者，甚至可以说，各个行业中开设专业店的机会天生就是留给本行业的经销商的。

以上我们逐一分析了经销商如何在六个转型方向中进行取舍，即服务提供商、专业品类经销商、品类物流商、特殊渠道经销商、建立自主品牌和专业店。但是在各个行业的特征和零售业的发展状况的共同影响下，各个行业及各地的经销商也许会同时面对几个转型机会，在这种情况下，经销商就需要综合分析五个因素带来的影响，即产品的技术特征、产品的标准化程度、行业的分销渠道结构、行业中的品牌化程度、行业内主要零售业态的发展状况，以及经销商自身的客观因素，来权衡每个转型方向的利弊，最终选择出最适合自身情况的转型方向。

　　当我们讨论到这里的时候，各个行业中的经销商已经可以按图索骥找到自己在供应链中的新位置了。经销商在综合考虑了所在行业和产品的特征、当地市场上零售业的发展状况，以及当地消费者的消费水平和消费习惯后，理性和科学的判断结果将会呈现在眼前。在商业活动中，过于依赖个人的感觉是国内企业和经理人普遍存在的现象，但是，如果能将个人的感觉结合我们以上讨论的商业逻辑就会使判断更趋合理。

第八章	积累转型的实力

　　各地市场上各个行业的经销商有的已经开始转型，有的正在考虑自己的转型方向，还有很多仍然忙碌于日常的经销工作。但是在供应链不断发展变化的大势所趋之下，经销商迟早都要走向转型之路，不管是被动转变还是主动转变。由于供应链并不是在一夜之间发生了变化，尤其是在中国如此巨大而差异性明显的市场上，对于很多经销商来说，外部生存环境的变化是不易察觉的，经销商往往是在外部环境的推动下，在不知不觉中被动地走向未知的改变之路，毫无疑问，这对经销商来说隐藏了太大的经营风险。

　　虽然通过我们前面的讨论，经销商可以通过理性而科学的分析客观环境的变化找到自己适合的转型方向；但是即便经销商找到了适合自己的转型方向，也还需要进行必要的准备，否则即便外部环境指出了转型方向，如果经销商自身能力和实力无法适应这个转型方向，那么，这个转型方向也只能留给同行业中的其他经销商了。因此，经销商至少需要在转型之前，在分类管理、库存管理和积累行业经营经验三个领域，提高自己的经营能力，为未来的转型做好准备。

一　建立分类管理能力

　　分类（品类）管理不只是零售商的核心经营管理方法，也不仅仅是厂商与零售商合作的利器，其实，经销商本来就是无店铺的零售商，因此，分类管理也是经销商的核心经营管理方法。长期以来，厂商一直给经销商灌输各种营销思想，诚然，经销商确实需要不断提升其营销能力，但是经销商因为没有自己的品牌（不包括将来转型为建立自主品牌的经销商），所以营销必然不会成为经销商经营方法的核心。

因此，经销商首先应该改变一个观念，即从以营销为核心转变为以分类管理为核心，也就是说，从厂商的品牌视角转变为当地的消费者视角（当然，消费者视角是通过当地的零售商实现的）。经销商不仅应该考虑如何将某个厂商的品牌发扬光大，更重要的是要考虑如何优化品牌和产品以适应当地消费者的需求，而分类管理恰恰是分析和满足消费者需求的最为有效的方法。

分类管理是从消费者（或者说是顾客角度）的视角，以每个分类为基本单位，考虑如何选择和组合厂商的品牌及其产品，它能够更好地满足当地消费者的需求。比如在国内一个普通的县级城市市场上，当地消费者的消费水平普遍不高，大多数居民还习惯使用散装油炒菜，那么在调味品这个大分类下的包装油小分类就不应该选择更多的品牌和产品，而应该倾向于选择低端定位的品牌。联合利华公司一个新兴市场的产品推广模式也从侧面说明了利用分类管理如何适应消费者需求：在新兴市场上，一开始消费者通常会购买硬皂和食用油，收入增加后，他们对高价位产品的需求也在增加。在硬皂成为洗衣服的必备品后，联合利华开始逐步推出清洁膏、洗衣粉、洗涤液和织物柔顺剂。

分类管理另一个重要任务是在日常经营中分析分类中各个品牌和产品的销售绩效，从而不断优化分类。通过 80/20 原则和长尾图等分析工具不断发现在各个零售商及其门店中，出现滞销、低销量的品牌和产品，并寻找发生滞销和低销量的原因，然后采取相应措施进行调整。比如通过销售分析发现某个产品出现了滞销现象，进而分析出导致滞销的原因可能是缺货造成的，也可能是产品不适应当地市场，或者零售商因为这个产品毛利率太低而不订货和上架，或者这个产品只是在某些门店发生滞销等。显然，一旦找到产品滞销的原因，解决办法便呼之欲出了。

与零售商不同，经销商应用分类管理必须通过零售商，也就是说，了解和分析消费者对分类的需求，以及推行其分类管理的分析结果时，必须通过零售商的同意才能得到执行。正如我们前面曾讨论过的，作为专业品类经销商所具备的一个核心能力，就是帮助零售商组合分类中的产品和品牌。只有运用分类管理，才能为各个零售商组合出合理的商品结构，也就是说，设计出符合顾客需求的商品结构，而不是完全受厂商的影响或者依经销商自己的感觉和判断为零售商组合产品和品牌。

经销商建立分类管理能力，不仅能够为其转型为专业品类经销商提供支持，而且对经销商转型开设专业店也会带来很大的帮助，毕竟专业店是零售业，而分类管理能力是零售商必须建立的一个核心能力。其实建立分类能力除了为以上两个转型方向提供了明显的支持以外，对经销商转型为特殊渠道经销商和建立自主品牌也有很大的帮助。在非零售渠道的那些特殊渠道中，实际上与零售商一样存在着为消费者组合适合的产品和品牌的任务，而建立自主品牌更应该站在分类的视角去开发产品，这样才能更好地抓住市场机会，而不是与厂商和零售商的品牌发生直接的冲突。

如果经销商一直无法建立分类管理能力，当其面临转型为专业店、专业品类经销商、特殊渠道经销商和建立自主品牌时，即便外部客观条件完全支持其走向某个转型方向，但经销商依然会走向一条冒险之路，因为他们仍然不完全具备经营好以上四项业务的能力。

二　提高库存管理能力

　　分类管理是从消费者的视角分析经营问题，经销商的经营一直围绕着满足消费者的需求展开，而库存管理是从经销商的内部利益角度考虑经营问题。库存管理使经销商能够科学地控制自己从每个品牌和产品上获得利润，也就是说，经销商通过库存管理可以控制自己的投资在每个品牌和产品上得到的回报。这是任何一个投资者都需要考虑的问题，但是由于各种历史原因，很多经销商并不清楚自己到底从哪个品牌上赚到了多少钱，当然，也就无法采取相应的措施将资源分配到不同的品牌和产品中去，以提高自己的利润水平。

　　除了零售商的账期占用的资金之外，对于经销商来说，其主要的资金投入就是产品的库存。显然，产品或者品牌的库存越多其资金投入也越多，但是，当产品或者品牌带来的毛利额不够多时，实际上，经销商是在很低的利润下，甚至是亏损的情况下做生意。也许低利润和亏损只是发生在某些产品或品牌上，如果缺乏科学的库存管理过程，那么，经销商就很有可能在不知情的情况下，继续对这些产品和品牌投入更多的库存资金；而那些带来更高利润或者只需要投入更少的库存资金的产品或品牌，却没有在日常经营中得到经销商的重视。可想而知，在这样的经营情况之下，经销商无形中失去了很多利润。

　　零售商可以根据情况灵活调整产品的零售价格，从而改变自己的毛利空间，经销商却无法控制自己的毛利空间，因为厂商给经销商提供的产品进价和经销商销售给零售商的产品供价都被厂商和零售商牢牢地控制着。在这种情况下，经销商提升自己毛利金额的手段只有不断促进产品的周转速度，也就是说，只有经销商整体库存的周转速度提高了，经销商获得的毛利金额才能提高。

　　假设在同一个市场上有两家经营同样分类和产品的经销商，那么就意味着他们两家有着同样的销售毛利率，假设他们每月的销量也大致相同，如果其中一家每个月的库存周转一次，而另外一家每个月的库存周转两次，那么，虽然两家最终获得的毛利额相同，但是他们的资金投入却相差了一半。其实库存资金投入更大的经销商不仅会出现资金紧张的局面，更重要的是，过高的库存实际上意味着库存结构的不合理，也就是说，不仅高销量的产品具有高库存，而且还有很多低销量的产品也产生了过高的库存，那么这些产品的高库存将会腐蚀掉经销商获得的产品毛利，因此，周转率低的经销商实际上在赢利能力上也大大低于周转率高的经销商。

这正是当今很多经销商的经营现状，他们在完全不控制库存的情况下，无法获得本来应该获得的更高的毛利，甚至出现亏损。因此我们看到，库存是影响经销商赢利水平的关键因素，而库存周转次数和库存金额是经销商考核库存合理与否的两个核心指标。定期（比如每个月）跟踪每个产品或品牌（即厂商）的库存金额和库存周转次数，可以帮助经销商及时发现产品在经营中的问题，进而采取改善措施，这样才能保证经销商在日常经营中不断提高利润。

如果我们深入探讨库存问题，其实会发现零售商与经销商有着完全一样的经营思路，即零售商也是依靠不断提高库存周转速度来提高自身赢利能力的。这是因为，虽然零售商可以调整商品零售价，但是由于厂商的控制，以及零售商之间的价格竞争，实际上，零售商在本质上也同样失去了对价格的控制权，也就是说，他们的毛利空间也在某种程度上被固定了。以某跨国零售商为例，他们非常重视其各个门店的库存控制，各个门店每天都要考察各部门的库存金额指标，如果发现某个部门的库存金额超出了指标，那么，店长就有权勒令这个部门停止订货，直至其库存金额恢复到预定指标。为了更好地控制库存，他们采取了如此严厉的做法，并不惜以缺货的增加和营业额的损失为代价。其实这也恰恰反映了国内零售商与跨国零售商之间存在的巨大差距，那些经销商之间的经营水平差异，不也正与此类似吗？

经销商不仅要在日常的经营中控制库存，在选择新的产品或品牌以及每年与厂商的谈判中，经销商都同样需要重视投资回报率问题，换句话说，就是从投资回报率的角度选择产品或品牌，并进行每年的谈判。现在有很多厂商也开始关注经销商从他们的产品身上所获得的利润情况，当然，这也正是经销商提高自身库存管理水平绝好的学习机会。比如可口可乐公司在实施经销商合作计划时，有一张帮助经销商计算利润和投资回报率的表，他们根据经销商预估的销量、定价、其他各种费用和支持，计算经销商在其产品上的库存投资，以及经销商获得的毛利金额，从而帮助经销商计算出经营可口可乐的产品可以达到的投资回报率。

在经销商的库存管理中，另一个问题得到了经销商更大的重视，当然它也是厂商和零售商共同关注的焦点，即产品的缺货问题。实际上，正是供应链中所有成员对产品缺货的关注，以及经销商库存管理能力的不足，使经销商背上了越来越重的库存负担。也就是说，在厂商和零售商的双重压力下，经销商为了防止缺货不断增加自己对产品的库存，因此，产品没有缺货是建立在经销商高库存的基础上的。缺货率当然是要持续降低的，但是，缺货率的降低一定要建立在科学的库存管理基础上，否则，随着厂商和零售商对供货水平不断提高的要求，经销商只有无限提高自己的库存金额了，也就是说，经销商要拿自己利润的牺牲来换取不断降低的缺货率。

相对于分类管理来说，经销商的库存管理更是一个基础性的工作，而且将来经销商选择六个转型方向中的任何一个都离不开科学的库存管理。因此，不管从经销商当前的日常经营角度来考虑，还是放眼经销商的未来转型方向，不断提升自身的库存管理能力都是经销商不可回避的一个关键性问题。

三　积累行业经营经验

很多经销商认为，做了这么多年的经销商，他们已经积累了足够丰富的行业经营经验了，如果说到产品知识和行业知识，那么，经销商们确实已经积累得足够多了。但是产品知识、行业知识，以及厂商情况、行业的市场规模、物流条件等，在经销商的日常经营中并不够用，或者说，经销商只停留在对这些行业经验的积累上还不能使自己的生意更上一层楼。

如果我们仔细分析就会发现，行业经验存在着三个不同的层次：第一，就如我们前面提到的产品知识、行业知识、厂商知识等，这些行业经验是在最基础的层次上做的积累；第二，从销售的层次上对行业经验的积累，比如某种类型的产品是否好卖，某个品牌的产品适合哪个超市等，当然，经销商在这个层次上也积累了丰富的经验；第三，是从经营的层次上对行业经验的积累或者叫行业的经营经验积累，这正是我们讨论的重点。

行业的经营经验是指将行业知识和经验转化为可以在日常经营中执行的各种经营技术，比如产品组合技术、定价技术、陈列技术和促销技术等。因此，行业的经营经验更多的是积累打动消费者的行业经营技术，从而不断促进销量的提升。另外，由于产品是通过零售商的货架销售给最终消费的，因此行业的经营经验还包括从零售商的角度积累和总结行业经营技术。比如行业产品的陈列技术是零售商特有的经营技术，但是零售商在不了解行业知识和产品知识的前提下，很容易设计错误的陈列原则。零售商无法深入了解每个行业的知识几乎是必然的，毕竟他们经营的分类太多了，分散了他们的精力。

比如在小家电行业中，很多小分类中的产品标准化程度较低，其材质、功率、功能、款式、规格等各个因素所组合出来的产品差异性太大了，零售商不知道如何区分各个品牌的产品，消费者对这些分类中的品牌认知度也比较低；那么，零售商就不能简单地按照品牌进行产品区分，以安排商品结构、定价原则和陈列原则等。基于对这些分类现状的理解，可以归纳出这样的行业经营技术：将各个品牌按照高、中、低三个定位进行区分，从而设计这些分类中的商品组合、定价原则和陈列原则。这也许是当前经营这些分类最好的经营方式了。

比如由于消费者在选购高端葡萄酒时，往往非常重视葡萄酒的产地，因此，我们看到在很多超市的货架上，葡萄酒是按照产地进行陈列的，这当然方便了顾客在货架前的选择。可口可乐的碳酸饮料一般是在4℃时口味最佳，那么可口可乐公司开发了多种冷藏设备，包括立式和卧式冰柜、冷藏箱（没有电源，使用冰块达到冰镇效果）、现调机等，免费（甚至付费）提供给各种超市、夫妻店、餐饮店等零售终端。这也是将产品特点转化为陈列技术的一个典范。

又如，在当前的城市市场中，炊具行业正处于一个更新换代的阶段，更多的新技术、更讲究的外观，以及新的炊具使用理念，使更多的消费者开始购买和使用新式炊具。但是炊具的使用寿命较长，消费者家中的旧炊具还可以使用，如果扔掉它们也很可惜。因此，在炊具行业中就相应地出现了以旧换新的促销形式，这无疑是行业知识转化为适合行业的促销技术的一个案例。

同样是在炊具行业，也是由于此行业中出现了更多的新技术，从而更新了消费者对炊具的使用方法，这就导致了很多消费者对新式炊具的使用功能和方法缺乏足够的了解和使用经验。于是一种新的促销方式便应运而生了，即在超市中使用新式炊具做现场演示，让消费者看到新式炊具的使用方法和效果，这大大促进了消费者对新式炊具的购买欲望。这也正是通过把握行业知识和产品知识，并将之转化为促销技术带来的效果。

积累更多的和更正确的行业经营经验，无疑对经销商未来的转型有很大的帮助。行业经营经验对经销商未来转型方向的影响，与分类管理对经销商的转型方向有着同样的影响，可以说，除了转型为品类物流商对行业经营经验的要求较低之外，行业经营经验对经销商的其他五个转型方向都有着直接的影响。因此，经销商在日常经营中，不能仅停留于了解行业知识和经验，而应不断积累行业的经营经验，并将之应用于与零售商的合作中，唯其如此才能使经销商真正走向专业之路。

总之，经销商在日常的经营中不断提高分类管理、库存管理能力，以及更多地积累行业的经营经验，不仅能为将来的转型奠定专业能力，同时，也能帮助经销商在转型之前赢得更多的利润。当然，经销商有了更好的赢利能力也会为未来的转型提供更强大的经济实力。

参考文献

1. 查尔斯·费什曼 著《沃尔玛效应》，中信出版社，2007 年版
2. 朱迪·贝文 著《超市大战》，中国人民大学出版社，2006 年版
3. 吕迪格·容布卢特 著《宜家创业史》，机械工业出版社，2007 年版
4. 杰弗里·琼斯 著《再造联合利华》，上海远东出版社，2008 年版
5. 斯图沃特·豪 著《欧盟零售业》，上海科学技术文献出版社，2007 年版

渠道的衰落

附 录

零售业态
发展趋势

供应商制定渠道策略和
零售商实施品类管理的新工具

附录:

零售业态发展趋势

供应商制定渠道策略和零售商实施品类管理的新工具

作者:王涛,2007 年 11 月;未经许可,请勿转载。

127

本次研究了五个零售业态,其中以大卖场、专业店和网上超市为重点

- 大卖场,一般是指经营面积在4000平米以上,并同时经营生鲜食品、杂货食品、百货、纺织品和家电等商品的零售业态;
- 专业店,是指只经营某个大分类的商品的零售业态,但是,他们往往是经营这个大的分类中的商品最齐全的零售商,比如电器专业店(国美)、个人护理品店(屈臣氏)等;
- 网上超市,是指通过电脑网络销售给个体消费者的零售商(不包含BtoB),但是他们不是厂商的品牌店,而是经营多分类或者一个大的分类的网上零售商;
- 自愿连锁,是指那些区域性连锁超市以自愿连锁的形式加盟到一个连锁组织的零售业态;在我们后面的分析中,将还没有加入自愿连锁组织的区域性连锁超市也放在这里一起讨论;
- 专卖店,是指厂商的品牌专卖店,他们的特点是不经营其他品牌的产品,但是有可能跨越几个小的分类,我们的分析不包含高档服装、奢侈品等。

作者:王涛,2007 年 11 月;未经许可,请勿转载。

附录

本次研究的数据来源和分析方法

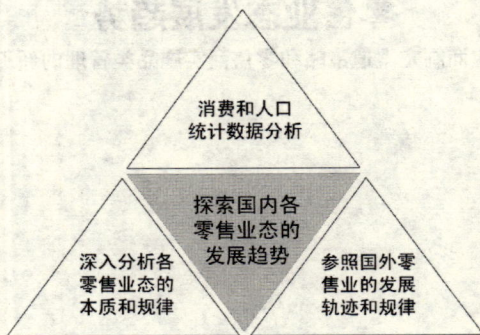

作者：王涛，2007 年 11 月；未经许可，请勿转载。

3

报告结构

模块一 各零售业态之间的关联发展趋势

模块二 各零售业态内部的发展趋势

模块三 供应商和零售商如何应用分析模型

作者：王涛，2007 年 11 月；未经许可，请勿转载。

4

渠道的衰落

各零售业态之间的关联发展趋势

5

129

附
录

零售业态之间竞争的内容之一：区域市场的竞争

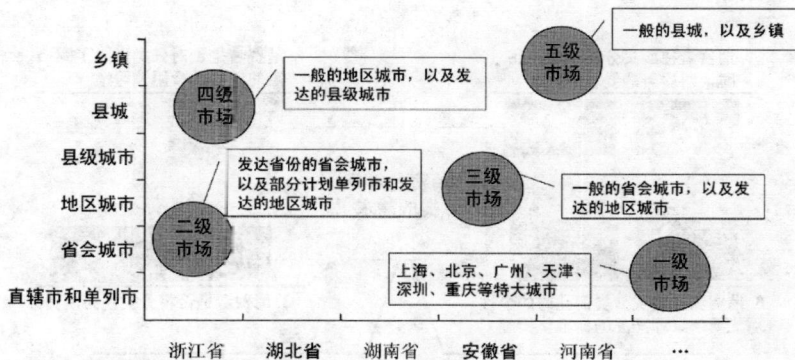

备注：1. 可以将乡镇以下的市场定义为六级市场；
　　　2. 不同的行业和企业在不同的阶段，市场分级可能不同。

6

具体的市场分级需要分析各个城市、县城，甚至乡镇的统计数据

举例

2006年

名　称	生产总值(亿元)	社会消费品零售总额(亿元)	全社会固定资产投资(亿元)	城镇居民人均可支配收入(元)	农村居民人均纯收入(元)
杭州市	2942.65	975.43	1386.68	16601.00	7655.00
宁波市	2449.31	759.83	1336.30	17394.00	7810.00
温州市	1596.35	680.86	542.11	19805.00	6845.00
台州市	1251.77	439.92	537.62	17394.00	6689.00
金华市	1063.54	418.84	507.47	15387.00	5516.00
绍兴市	1447.47	381.63	676.13	17516.00	7704.00
嘉兴市	1159.66	374.44	703.46	16189.00	8007.00

其中，生产总值、社会消费品零售总额、居民人均可支配收入等指标是确定市场分级的基本数据；而具体到每个分类，可以更加细致的考虑分类在各个城市的消费数据。

数据来源：国家统计局　　　7　　　作者：王涛，2007年11月；未经许可，请勿转载。

零售业态之间竞争的内容之二：商品分类的竞争

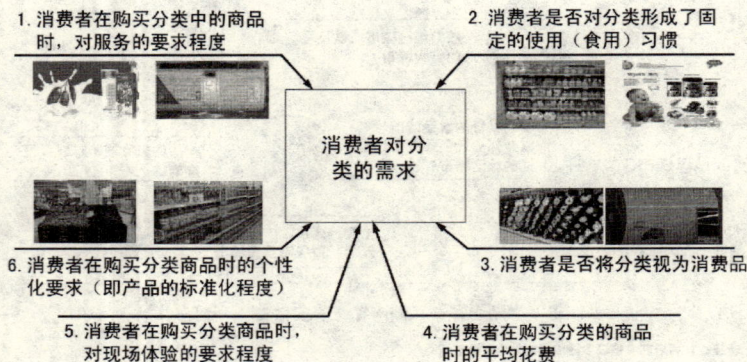

1. 消费者在购买分类中的商品时，对服务的要求程度
2. 消费者是否对分类形成了固定的使用（食用）习惯
3. 消费者是否将分类视为消费品
4. 消费者在购买分类的商品时的平均花费
5. 消费者在购买分类商品时，对现场体验的要求程度
6. 消费者在购买分类商品时的个性化要求（即产品的标准化程度）

消费者对分类的需求

8　　　作者：王涛，2007年11月；未经许可，请勿转载。

消费者对分类的需求影响了各零售业态对分类的态度

举例

- 不同的零售业态是否有能力经营某个分类?
- 不同的零售业态是否有必要经营某个分类?
- 不同的零售业态对某个分类的重视程度如何?
- 不同的零售业态如何安排给予某个分类的支持?
- ……

作者: 王涛, 2007 年 11 月; 未经许可, 请勿转载。

131

辅迅咨询
Valuepool Consulting

附录

零售业态之间竞争的动因是顾客的消费能力和习惯

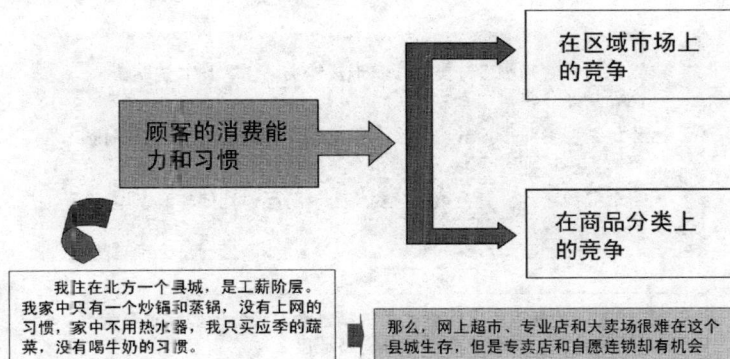

顾客的消费能力和习惯

在区域市场上的竞争

在商品分类上的竞争

我住在北方一个县城, 是工薪阶层。我家中只有一个炒锅和蒸锅, 没有上网的习惯, 家中不用热水器, 我只买应季的蔬菜, 没有喝牛奶的习惯。

那么, 网上超市、专业店和大卖场很难在这个县城生存, 但是专卖店和自愿连锁却有机会

作者: 王涛, 2007 年 11 月; 未经许可, 请勿转载。

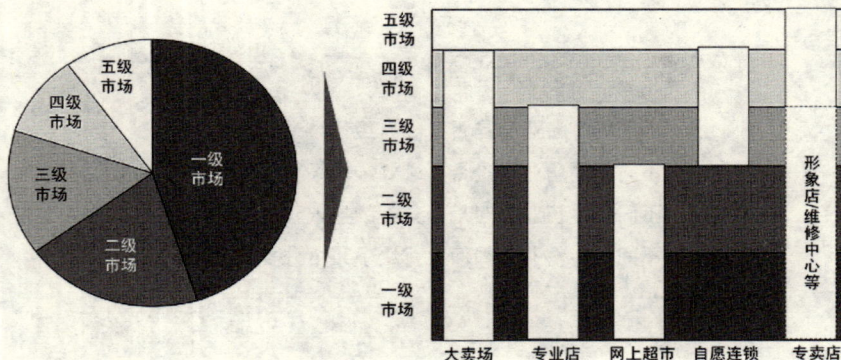

各零售业态之间争夺不同的区域市场

五级市场
四级市场
三级市场
二级市场
一级市场

五级市场
四级市场
三级市场
二级市场
一级市场

大卖场　专业店　网上超市　自愿连锁　专卖店

形象店、维修中心等

11

大卖场受到居民的消费能力和消费规模的限制，近几年将很难在五级及以下的市场上有所作为

- 当地消费者对很多分类还没有形成购买习惯，比如洗碗机、微波炉、豆浆机、咖啡机等；
- 当地消费者对很多分类还没有形成固定的购买习惯，只是偶尔购买，比如洗手液、洗洁精、柔顺剂等；
- 当地消费者还没有将很多分类视为消费品，比如炊具、电视机、衬衫等。

大卖场的低毛利率需要依赖更大的销售额，因此他们需要经营更多的商品分类，具有更高的商品周转速度。

12

比如，农村居民在各种副食品方面的花费明显少于城镇居民

举例

城镇居民和农村居民家庭平均每人全年购买主要商品数量（2005年）

项　　　目	数据	品　　名	数据
城镇居民		农村居民	
粮　　　食　（千克）	76.98	粮食(原粮)　（公斤）	208.85
鲜　　　菜　（千克）	118.58	蔬菜　　　　（公斤）	102.28
食用植物油　（二克）	9.25	食油植物油　（公斤）	10.10
猪　　　肉　（千克）	20.15	猪肉	15.62
牛 羊 肉　（千克）	3.71	牛羊肉	1.47
家　　　禽　（千克）	8.97	家禽	3.67
鲜　　　蛋　（千克）	10.4	蛋及制品　　（公斤）	4.71
水 产 品　（千克）	12.55	水产品　　　（公斤）	4.94
鲜　　　奶　（千克）	17.92	奶及制品　　（公斤）	2.86
水 果 (瓜果)（千克）	56.69	瓜果及制品　（公斤）	17.18
坚果及果仁类（千克）	2.97	坚果及制品　（公斤）	0.81
酒　　　　　（千克）	8.85	酒　　　　　（公斤）	9.59

数据来源：国家统计局

13

作者：王涛，2007 年 11 月；未经许可，请勿转载。

133

附
录

目前在四五级市场上的超市并不是大卖场，但是这种模式会在很长一段时间内更加适合当地市场

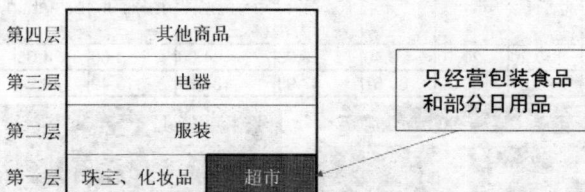

第四层	其他商品
第三层	电器
第二层	服装
第一层	珠宝、化妆品　　超市

只经营包装食品和部分日用品

在四级和五级市场上，正在处于百货业态向现代超市业态转型的过程，其中的超市类似于一种加强型食品超市，并不是大卖场

14

作者：王涛，2007 年 11 月；未经许可，请勿转载。

专业店在各级市场的发展上，总是跟随在大卖场业态之后

- 由于专业店是在大卖场业态成熟后，为了寻找差异性而逐渐发展起来的零售业态，因此专业店在各级市场的发展上，往往落后于大卖场业态；

- 专业店集中了所经营分类中最齐全的品牌和产品，如果在某个市场中的消费水平不高，那么当地消费者对分类的需求只是最基本的产品和功能，那么专业店就失去了生存的价值；

- 由于专业店比大卖场少了很多分类（大致可少80％左右），使他们的总体赢利能力不如大卖场，因此，它们更容易受到当地消费水平的影响。

15 作者：王涛，2007 年 11 月；未经许可，请勿转载。

渠道的衰落

受到消费水平限制，农村居民还不能购买很多电器产品，因此电器专业店不能发展到四五级市场

举例

城镇和农村居民家庭平均每百户主要耐用消费品拥有量（2005年底）

居民分类	洗衣机（台）	电冰箱（台）	空调机（台）	抽油烟机（台）	彩色电视机（台）	录放像机（台）	照相机（架）	家用计算机（台）
农村居民	40.20	20.10	6.40	5.98	84.00	3.00	4.05	2.10
城镇居民	95.51	90.72	80.67	67.93	134.80	15.49	46.94	41.52

数据来源：国家统计局

16 作者：王涛，2007 年 11 月；未经许可，请勿转载。

网上超市由于受到网络覆盖率、购物习惯和物流的影响，近几年内只能限制于一二级市场上

- 在四五级及以下的市场上，电脑拥有量和网络覆盖率还比较低；

- 由于受到消费水平的限制，在三级以下市场上的居民更希望到现场购买（越贵的商品越倾向于现场购买）；

- 物流是制约网上超市发展的一个重要因素，在下游市场上会出现诸如能否送达、送货时间、快递费用、安全问题、服务问题、商品是否适合邮送等问题。

17   作者：王涛，2007 年 11 月；未经许可，请勿转载。

135

附
录

如果以全国城镇居民和农村居民的家用电脑拥有量为例，城镇居民的电脑拥有量是农村居民的近10倍

举例   2005年居民家用电脑百户拥有量

地 区	城镇居民家用电脑（台）	农村居民家用电脑（台）	地 区	城镇居民家用电脑（台）	农村居民家用电脑（台）
北 京	39.16	29.87	河 南	31.82	0.57
天 津	51.13	6.00	湖 北	42.42	1.09
河 北	37.63	1.21	湖 南	34.94	0.95
山 西	30.16	0.57	广 东	70.34	9.26
内蒙古	23.17	0.29	广 西	46.67	0.52
辽 宁	22.88	2.59	海 南	26.21	1.53
吉 林	30.06	0.19	重 庆	51.33	0.17
黑龙江	25.94	0.71	四 川	32.26	0.63
上 海	81.10	32.00	贵 州	23.99	0.45
江 苏	46.35	2.88	云 南	29.44	0.71
浙 江	59.47	11.19	西 藏	19.00	0.42
安 徽	25.97	0.77	陕 西	27.92	0.50
福 建	54.89	4.89	甘 肃	22.99	0.28
江 西	32.03	2.00	青 海	21.68	
山 东	45.64	2.29	宁 夏	23.15	0.17
			新 疆	23.86	

- 城镇居民的平均家用电脑拥有量为38.5

- 农村居民的平均家用电脑拥有量为3.95

数据来源：国家统计局   18   作者：王涛，2007 年 11 月；未经许可，请勿转载。

虽然国美可以通过门店送到三级以下市场，但是受当地消费水平较低影响，现场购买仍是主流

举例

国美的河北公司和唐山公司的送货区域规定

河北公司	唐山公司
石家庄市内五区（桥东区、桥西区、裕华区、新华区、长安区）	市区　：路南区、路北区（两区全境）
郊县	近郊区：开平区、古冶区、丰南区、丰润区（四区全境）
其他地区：邢台、邯郸、衡水、保定、新河、宁晋、阳泉、定州、曲阳、安国、深州、南宫	远郊区：遵化市、迁西县、玉田县、滦县、迁安市、滦南县、唐海县、乐亭县、芦台农场、汉沽农场、曹妃甸港区、唐港开发区

国美电器2005年网上商城销售额约为4000万元，仅占其40亿元销售额的1%，而且很显然，网上销售额更多的是来自于一二级市场。

136

渠道的衰落

自愿连锁更适合在三四级市场上发展

SPAR 遍及全球
The service is global

- 在一二级市场中，自愿连锁的规模、品牌和经营管理能力都无法与大型零售商抗衡；

- 五级市场以下，单独零售商的规模太小，使自愿连锁总部在采购和经营管理上无法提供有效的支持，而使自愿连锁的作用无法发挥。

目前来看，由SPAR/IGA为主导的国内自愿连锁门店大都建立在三四级市场上

举例

IGA		
超市	省份	城市
庆客隆	黑龙江	大庆
三江	浙江	宁波
步步高	湖南和江西	两省的省会和地区城市
有荣	广东	深圳
中百	湖北	武汉及湖北地区城市
SPAR		
超市	省份	城市
家家悦	山东	威海，山东其他地区城市
思达	河南	郑州及部分河南地区城市
嘉荣	广东	东莞市
雅斯	湖北	宜昌及湖北其他地区城市

人人乐华南区的门店分布：
惠州市、江门市、增城市等

作者：王涛，2007年11月；未经许可，请勿转载。

137

附录

在有大卖场或者专业店的市场上，厂商的专卖店是无法生存的，因此它更适合在四五级市场上发展

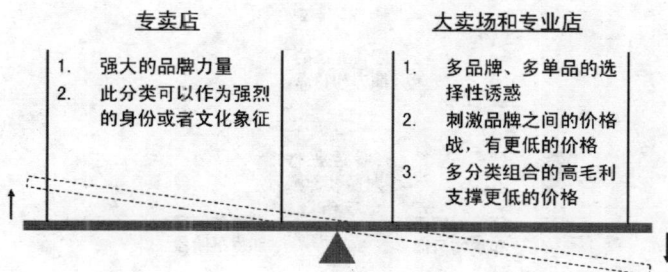

专卖店

1. 强大的品牌力量
2. 此分类可以作为强烈的身份或者文化象征

大卖场和专业店

1. 多品牌、多单品的选择性诱惑
2. 刺激品牌之间的价格战，有更低的价格
3. 多分类组合的高毛利支撑更低的价格

作者：王涛，2007年11月；未经许可，请勿转载。

格力、TCL等专卖店陆续遇到问题

举例

- 有消息称TCL"幸福树"转型成了供应商；
- 美的的营销资源浪费严重，叫停专卖店；
- 当年国美和格力决裂之后，格力在国美的一线位置全部让给了奥克斯，所以那一年奥克斯很快成长起来。

23
作者：王涛，2007 年 11 月；未经许可，请勿转载。

渠道的衰落

各零售业态之间争夺不同的商品分类

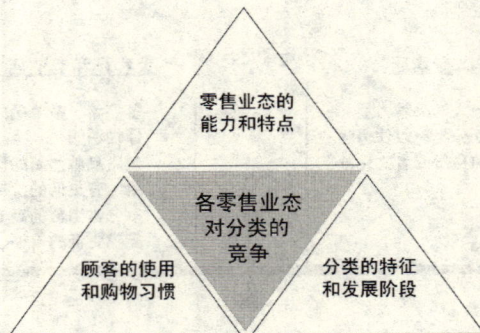

零售业态的
能力和特点

各零售业态
对分类的
竞争

顾客的使用
和购物习惯

分类的特征
和发展阶段

24
作者：王涛，2007 年 11 月；未经许可，请勿转载。

各零售业态满足顾客服务要求的能力

各零售业态满足顾客服务要求的能力

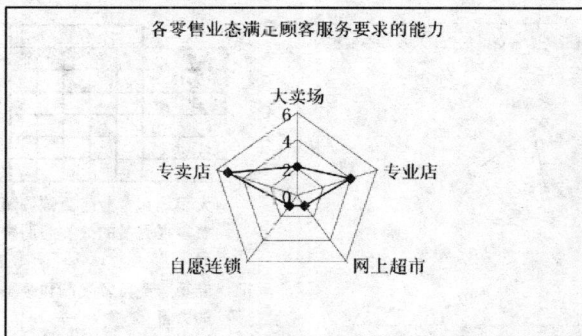

零售业态	分数				
	1	2	3	4	5
大卖场		2			
专业店				4	
网上超市	1				
自愿连锁	1				
专卖店					5

- 专卖店和专业店在满足顾客服务要求的方面最强
- 网上超市最差

25　　　作者：王涛，2007 年 11 月；未经许可，请勿转载。

各零售业态对顾客形成固定使用（食用）习惯的依赖程度和获益程度

各零售业态对顾客形成固定使用（食用）习惯的依赖程度和获益程度

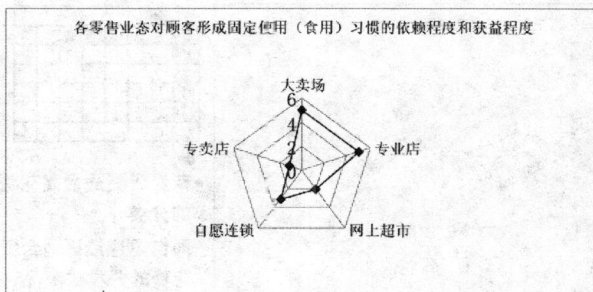

零售业态	分数				
	1	2	3	4	5
大卖场					5
专业店					5
网上超市		2			
自愿连锁			3		
专卖店	1				

- 大卖场和专业店更依赖顾客对分类的固定使用（食用）习惯
- 专卖店更依赖品牌和分类本身的力量

26　　　作者：王涛，2007 年 11 月；未经许可，请勿转载。

渠道的衰落

各零售业态对顾客是否视分类为消费品的依赖程度和获益程度

各零售业态对顾客是否视分类为消费品的依赖程度和获益程度

零售业态	分数				
	1	2	3	4	5
大卖场					5
专业店					5
网上超市		2			
自愿连锁			3		
专卖店	1				

• 大卖场和专业店更依赖消费者视更多的分类为消费品

• 专卖店更依赖品牌和分类的力量

作者：王涛，2007 年 11 月；未经许可，请勿转载。

各零售业态对分类的顾客高花费的适应能力

各零售业态更加适合的顾客花费

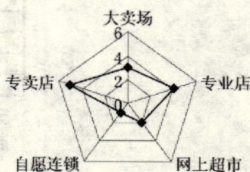

零售业态	分数				
	1	2	3	4	5
大卖场			3		
专业店				4	
网上超市		2			
自愿连锁	1				
专卖店					5

• 专卖店更适合高花费的分类

• 而自愿连锁更适合低花费的分类或商品

顾客对分类的花费高低代表了分类的价值高低，分类的价值高低是与顾客的消费水平相对应的。

作者：王涛，2007 年 11 月；未经许可，请勿转载。

各零售业态满足顾客购买商品时的现场体验的能力

各零售业态满足顾客购买商品时的现场体验的能力

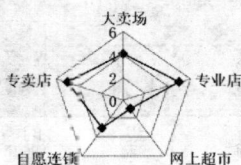

		分数			
零售业态	1	2	3	4	5
大卖场				4	
专业店					5
网上超市	1				
自愿连锁			3		
专卖店					5

- 专卖店和专业店能更好地满足顾客的现场体验
- 网上超市没有现场的购物体验

29

作者：王涛，2007 年 11 月；未经许可，请勿转载。

各零售业态提供个性化商品的能力

各零售业态提供个性化商品的能力

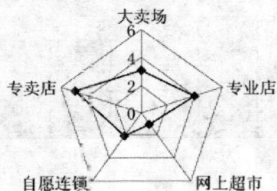

		分数			
零售业态	1	2	3	4	5
大卖场			3		
专业店				4	
网上超市	1				
自愿连锁		2			
专卖店					5

- 专卖店和专业店提供顾客个性化商品的能力最强
- 网上超市最差

30

作者：王涛，2007 年 11 月；未经许可，请勿转载。

141

附录

大卖场对分类的固定使用和视为消费品有更大的依赖性，但是在顾客服务能力上较差

大卖场

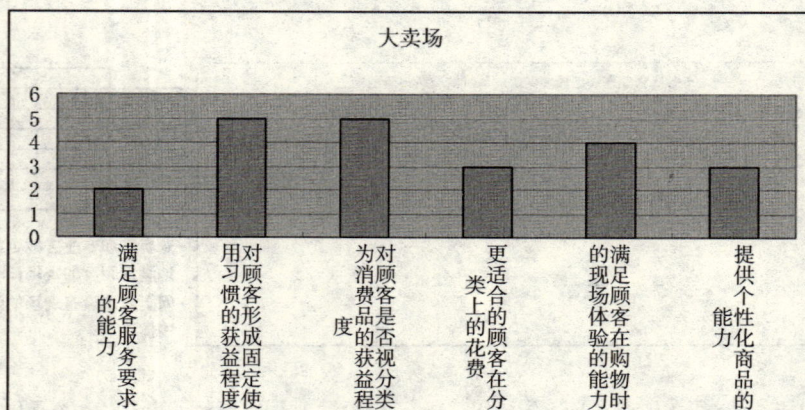

满足顾客服务要求的能力

对顾客形成固定使用习惯的获益程度使

为对顾客是否视分类为消费品的获益程度

更适合的顾客在分类上的花费

满足顾客在购物时的现场体验的能力

提供个性化商品的能力

31　　　作者：王涛，2007年11月；未经许可，请勿转载。

专业店与大卖场类似，但是专业店能更好地满足顾客现场的购物体验和提供更专业的服务

专业店

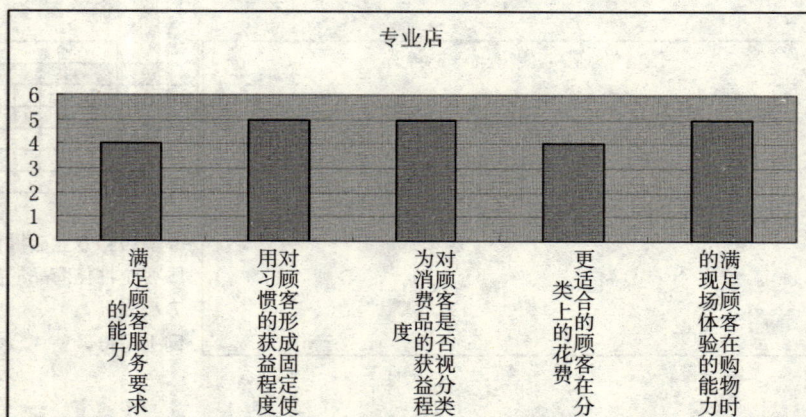

满足顾客服务要求的能力

对顾客形成固定使用习惯的获益程度使

为对顾客是否视分类为消费品的获益程度

更适合的顾客在分类上的花费

满足顾客在购物时的现场体验的能力

32　　　作者：王涛，2007年11月；未经许可，请勿转载。

网上超市在分类竞争中的各个方面都处于劣势地位

网上超市

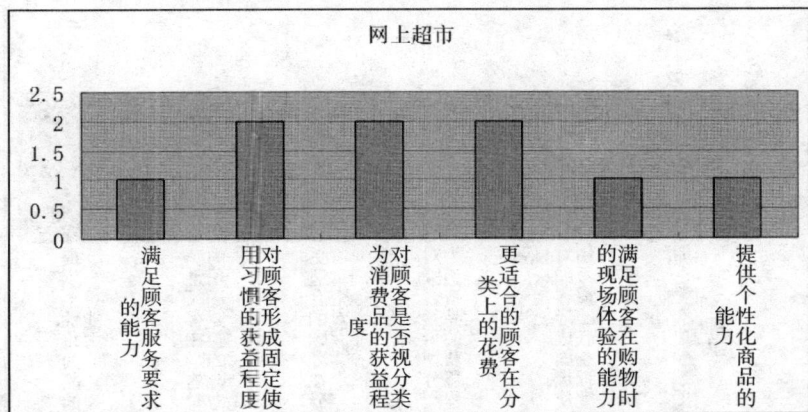

纵轴刻度：2.5 / 2 / 1.5 / 0.5 / 0

横轴类别（从左到右）：
- 满足顾客服务要求的能力
- 对顾客形成固定使用习惯的获益程度
- 为消费品的获益程度对顾客是否视分类
- 更适合的顾客在分类上的花费
- 满足顾客在购物时的现场体验的能力
- 提供个性化商品的能力

33

作者：王涛，2007 年 11 月；未经许可，请勿转载。

自愿连锁在商品分类的竞争中，与大卖场和专业店类似

自愿连锁

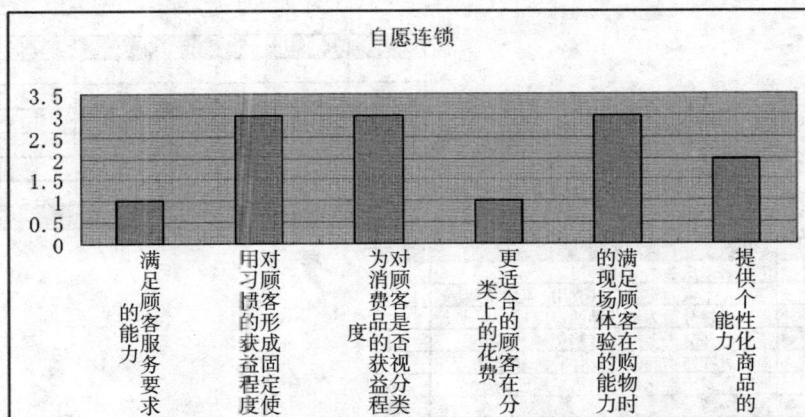

纵轴刻度：3.5 / 3 / 2.5 / 1.5 / 0.5 / 0

横轴类别（从左到右）：
- 满足顾客服务要求的能力
- 对顾客形成固定使用习惯的获益程度
- 为消费品的获益程度对顾客是否视分类
- 更适合的顾客在分类上的花费
- 满足顾客在购物时的现场体验的能力
- 提供个性化商品的能力

34

作者：王涛，2007 年 11 月；未经许可，请勿转载。

143

附
录

渠道的衰落

辅迅咨询
Valuepool Consulting

专卖店在满足顾客个性化需要、提供专业服务方面有更强的能力

专卖店

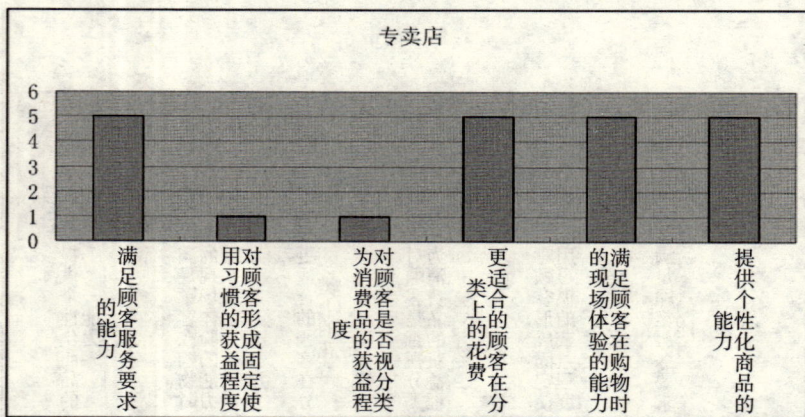

| 满足顾客服务要求的能力 | 对顾客形成固定使用习惯的获益程度 | 为消费者是否视分类度的获益程度 | 更适合的顾客在分类上的花费 | 满足顾客在购物时的现场体验的能力 | 提供个性化商品的能力 |

作者：王涛，2007年11月；未经许可，请勿转载。

35

辅迅咨询
Valuepool Consulting

汇总各零售业态的特征和能力，专业店和大卖场有更强的竞争能力

大卖场	专业店	网上超市	自愿连锁	专卖店
2	4	1	1	5
5	5	2	3	1
5	5	2	3	1
3	4	2	1	5
4	5	1	3	5
3	4	1	2	5
4.20	4.75	1.65	2.55	2.80

NO.	零售业态的特征和能力	权重(%)
1	消费者对服务的要求程度	10
2	消费者形成固定使用（食用）习惯的程度	25
3	消费者视分类为消费品的程度	30
4	消费者在分类上的花费趋势	10
5	消费者在购物时的现场体验需求程度	20
6	消费者对个性化商品的需求程度	5
	评估分数	100

作者：王涛，2007年11月；未经许可，请勿转载。

36

汇总并对比各零售业态在区域市场和分类上的竞争

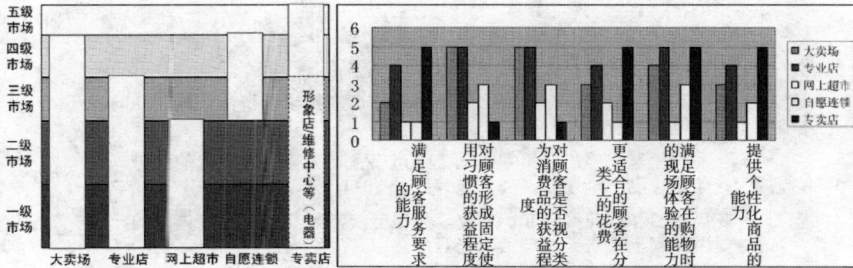

作者：王涛，2007 年 11 月；未经许可，请勿转载。

37

145

附
录

大卖场和专业店在各个市场上的非高要求服务、非高价格和顾客固定购买并视为消费品的分类中的竞争

- 大卖场与专业店在各个区域市场上都存在着直接竞争；
- 专业店可以经营那些具有更复杂的服务要求的分类，而大卖场难以经营这些分类；
- 大卖场能比专业店更早经营那些逐渐转变为固定使用（食用）和视为消费品的分类，这是由于大卖场经营更多的分类而带来的高毛利额；
- 专业店比大卖场更适合经营那些高端和时尚的分类；
- 专业店比大卖场更适合经营那些顾客需要更多现场体验的分类；
- 专业店比大卖场更适合经营那些非标准化的分类。

作者：王涛，2007 年 11 月；未经许可，请勿转载。

38

大卖场和网上超市在一二级市场上的中等花费和品牌化非常强的分类中竞争激烈

- 大卖场与网上超市主要在一二级市场上竞争；
- 在中等花费的分类中，网上超市将会抢占大卖场的市场份额，比如小家电、手机等；
- 在品牌化非常强的分类中，网上超市将会比大卖场有更大的优势，比如化妆品、剃须刀、公文包等；
- 在高花费和低花费、非标准化、高服务要求、高现场购物体验的分类中，网上超市无法与大卖场竞争。

作者：王涛，2007年11月；未经许可，请勿转载。

大卖场和自愿连锁在目前来看，还没有出现非常直接的竞争

- 大卖场与自愿连锁只在三四级市场上存在竞争，真正的全国性大卖场还没有到达国内的三四级市场；
- 在未来几年中，随着大卖场向下级市场拓展，以及自愿连锁向更多的城市发展，他们将会在同一个市场上面临全方位的竞争。

作者：王涛，2007年11月；未经许可，请勿转载。

146

渠道的衰落

大卖场和专卖店分别在不同的区域市场上经营

- 大卖场与专卖店分别在不同的区域市场上经营，当然这不包括那些适合在一二级城市销售的分类，比如高档笔；
- 作为厂商的形象店和服务中心，专卖店会存在于一二级市场上，但是他们不会与大卖场进行销售竞争；
- 大卖场外包场地给专卖店是一种普遍的经营模式。

作者：王涛，2007 年 11 月；未经许可，请勿转载。

147

附录

专业店和网上超市在一二级市场上的中等花费和品牌化非常强的分类中竞争激烈

- 专业店与网上超市只在一二级市场上竞争；
- 在中等花费的分类中，网上超市将会抢占专业店的市场份额，比如小家电、手机、化妆品等；
- 在品牌化非常强的分类中，网上超市将比专业店有更大的优势，比如电动剃须刀、手机等；
- 在商品稀缺性的分类中，网上超市将比专业店具有更大的优势，比如书、手工制品等；
- 在高花费和低花费、非标准化、高服务要求、高现场购物体验的分类中，网上超市无法与专业店竞争。

作者：王涛，2007 年 11 月；未经许可，请勿转载。

专业店与自愿连锁主要在三级市场上存在竞争

- 专业店与自愿连锁主要在三级市场上存在竞争；

- 专业店与自愿连锁在分类上的竞争，非常类似于大卖场与自愿连锁的竞争；

- 如果专业店所经营的分类花费较高，而且顾客对服务和现场购物要求也很高，那么专业店将会比自愿连锁有更好的发展，比如电器专业店。

43 　　　作者：王涛，2007 年 11 月；未经许可，请勿转载。

专业店与专卖店不在一个区域市场上竞争

- 专业店和专卖店其实不存在重叠的区域市场，厂商的专卖店在三级以上的市场中往往发挥的是形象店和服务中心的职能；

- 如果在某个分类中，存在着突出的高端品牌、更高的服务要求，以及极具个性化的服务要求，那么厂商的专卖店可能就有更大的生存空间，比如派克笔专卖店；

- 同样的，如果在专业店的分类中存在着高价值的、具有更高服务要求的、极具个性化服务要求的分类，那么专卖店同样具有更大的生存空间，比如高端音响。

44 　　　作者：王涛，2007 年 11 月；未经许可，请勿转载。

渠道的衰落

网上超市与自愿连锁在不同的区域市场上经营

- 网上超市与自愿连锁分别在不同的区域市场各自经营，他们几乎不存在任何竞争关系；
- 不过由于自愿连锁超市中经营的分类是一个逐渐增加的过程（比如很多时尚性和新的分类），他们的店中很可能没有销售这些分类，还有在那些品牌化很强和非常小的分类（销售的品牌不全）中，网上超市对自愿连锁存在着一定的竞争，比如豆浆机分类等。

45

作者：王涛，2007年11月；未经许可，请勿转载。

149

附录

网上超市与专卖店不在一个区域市场上竞争

- 总体来说，网上超市与专卖店不在一个区域市场上竞争；
- 但是，那些适合在一二级市场上销售的分类的专卖店，将与网上超市进行直接到竞争，比如品牌服装、高端化妆品等。

46

作者：王涛，2007年11月；未经许可，请勿转载。

自愿连锁与专卖店主要在四级市场上存在竞争

- 由于自愿连锁目前发展还非常弱小，他们的门店分布较少，经营管理水平不高，因此使专卖店有很大的发展空间；
- 随着自愿连锁的进一步发展（未来几年将会有快速的发展），专卖店将会向下一级市场转移；
- 自愿连锁将各个品牌的专卖店引进超市，让他们自主经营，这无疑是很普遍的一种经营形式，而且会持续很长一段时间。

作者：王涛，2007年11月；未经许可，请勿转载。

各零售业态内部的发展趋势

作者：王涛，2007年11月；未经许可，请勿转载。

渠道的衰落

150

近几年在区域市场和分类的需求上，消费者的消费趋势变化

NO.	消费因素	消费者的消费发展趋势
0	区域市场	随着消费水平的提高，各级市场将向更高的市场层级发展，而一级市场将走向国外发达国家的市场
1	消费者对服务的要求程度	随着分类的消费品化，以及品质的提高和技术的进步，产品的服务变的越来越简单，而且消费者对服务的要求程度逐渐降低
2	消费者形成固定使用（食用）习惯的程度	由于消费者消费水平的提高，以及分类在竞争中的价格持续降低，使消费者会对越来越多的分类形成固定使用（食用）习惯
3	消费者视分类为消费品的程度	由于消费者消费水平的提高，以及分类在竞争中的价格持续降低，消费者会视越来越多的分类为消费品，增加对分类的使用和淘汰频率
4	消费者在分类上的花费趋势	随着消费水平的提高，以及很多分类平均价格的降低，越来越多的分类从高价值分类向大众分类转化，也促使消费者增加了对分类的使用频率
5	消费者在购物时的现场体验需求程度	随着分类的消费大众化，以及消费水平的提高，顾客对一般消费品的现场购物体验需求将不断减少
6	消费者对个性化商品的需求程度	随着技术提高和竞争的激烈，越来越多的消费型分类将会标准化，消费者也会从标准化中受益，但是零售商和制造商又开始通过自有品牌和添加设计因素增加个性化

49   作者：王涛，2007 年 11 月；未经许可，请勿转载。

151

附 录

食用油分类的消费趋势变化

举例

NO.	消费因素	小包装油分类的消费趋势
0	区域市场	在各级市场上，散装油慢慢退出市场，逐渐被小包装油取代，但是在某些消费水平很低的地区仍有散装油。而在消费水平更高的市场上，低端油种的需求在下降，向高端油种转变
1	消费者对服务的要求程度	由散装油向小包装油的方向转变，使购买油的过程几乎没有了服务内容，顾客只关心油种、品牌和价格就可以了
2	消费者形成固定使用（食用）习惯的程度	在各级市场上，食用小包装油已经成为固定的消费习惯，更进一步看的话，在更高级的市场上，葵花籽油、橄榄油等慢慢变成固定消费习惯
3	消费者视分类为消费品的程度	随着收入水平的提高，在某些市场上，橄榄油已经成为消费品，而不是偶尔食用的奢侈品
4	消费者在分类上的花费趋势	随着竞争，调和油、葵花籽油、玉米油等的价格不断下降，使消费者逐渐更多地购买这些高端油种
5	消费者在购物时的现场体验需求程度	顾客在购买小包装油时，并没有过多的现场购物体验要求，货架上有自己希望买的产品和品牌就可以了
6	消费者对个性化商品的需求程度	散装油无法标准化，但是小包装油分类已经完全标准化了，表现在包装容量、油种、质量控制等各方面

50   作者：王涛，2007 年 11 月；未经许可，请勿转载。

锅分类的消费趋势变化

举例

NO.	消费因素	锅分类的消费趋势
0	区域市场	越来越多的四级以下城市也开始接受烧饭、炒菜和煲汤时用不同的专业锅具的理念
1	消费者对服务的要求程度	消费者对锅正处于一种使用观念转型期间，需要售前的服务，但是在发达的市场上，由于消费者已经有了了解，因此他们开始不需要售前服务了
2	消费者形成固定使用（食用）习惯的程度	在很多市场上已经形成了使用不生锈的锅的习惯了，而且分开使用专业锅具的习惯也在一些高端市场上出现了
3	消费者视分类为消费品的程度	现在各级市场开始将锅作为一个普通的消费品，而不是等锅坏了再找人补锅了
4	消费者在分类上的花费趋势	在使用锅方面，消费者正处于理念变革时期，各种专业锅价格很高；但是在很多高端市场上，已经出现了大幅度的价格战，各种锅在逐渐降价
5	消费者在购物时的现场体验需求程度	由于锅处于使用理念的变革期，顾客在购买时需要更多的现场体验，现场气氛能够影响顾客的购物决策
6	消费者对个性化商品的需求程度	各种专业锅具已经逐渐走向标准化，但仍然没有达到完全的标准化，很多锅的种类还不标准

51　　　　　　作者：王涛，2007年11月；未经许可，请勿转载。

根据消费趋势的变化，分析各个零售业态未来的发展趋势

NO.	消费因素	消费者的消费发展趋势	大卖场	专业店	网上超市	自愿连锁	专卖店
0	区域市场	随着消费水平的提高，各级市场将向更高的市场层级发展，而一级市场将走向国外发达国家的市场	+	++	++	-	-
1	消费者对服务的要求程度	分类的消费品化，以及品质的提高和技术的进步，使产品的服务变得越来越简单，消费者对服务的要求程度逐渐降低	++	+	++	+	-
2	消费者形成固定使用（食用）习惯的程度	由于消费者消费水平的提高，以及分类在竞争中的价格持续降低，消费者会对越来越多的分类形成固定使用（食用）习惯	++	+	+	+	-
3	消费者视分类为消费品的程度	由于消费者消费水平的提高，以及分类在竞争中的价格持续降低，消费者会视越来越多的分类为消费品，他们将增加对分类的使用和淘汰频率	++	+	+	+	-
4	消费者在分类上的花费趋势	随着消费水平的提高，以及很多分类的平均价格的降低，越来越多的分类从高价值分类向大众分类转化，也促使消费者增加了对分类的使用频率	++	++	+	++	-
5	消费者在购物时的现场体验需求程度	随着分类的消费大众化，以及消费水平的提高，顾客对一般消费品的现场购物体验将将不断减少	++	+	++	+	-
6	消费者对个性化商品的需求程度	随着技术提高和竞争的激烈，越来越多的消费型分类将会标准化，消费者也会从标准化中受益，但是零售商和制造商又会开始通过自有品牌和添加设计因素增加个性化	++	++	++	++	+

说明："＋＋"代表非常适合；"＋"代表比较适合；"－"代表不适合

52　　　　　　作者：王涛，2007年11月；未经许可，请勿转载。

每个零售业态在各个消费因素上的评估分数

备注

NO.	消费因素	消费者的消费发展趋势	大卖场	专业店	网上超市	自愿连锁	专卖店
0	区域市场	随着消费水平的提高，各级市场将向更高的市场层级发展，而一级市场将走向国外发达国家的市场	4	5	5	3	1
1	消费者对服务的要求程度	分类的消费品化以及品质的提高和技术的进步，使产品的服务变得越来越简单，消费者对服务的要求程度也逐渐降低	5	4	5	4	1
2	消费者形成固定使用（食用）习惯的程度	由于消费者消费水平的提高，以及分类在竞争中的价格持续降低，消费者会观到越来越多的分类形成固定使用（食用）习惯	5	4	3	4	1
3	消费者视分类为消费品的程度	由于消费者消费水平的提高，以及分类在竞争中的价格持续降低，消费者会视越来越多的分类为消费品，他们将增加对分类的使用和淘汰频率	5	4	4	5	1
4	消费者在分类上的花费趋势	随着消费水平合提高，以及很多分类的平均价格的降低，越来越多的分类从高价值分类向大众分类转化，也促使得消费者增加了对相关分类正使用频率	5	5	4	5	1
5	消费者在购物时的现场体验需求程度	随着分类的消费大众化，以及消费水平的提高，顾客对一般消费品的现场购物体验需求将来不断减少	5	3	5	3	1
6	消费者对个性化商品的需求程度	随着技术提高和竞争的激烈，越来越多的消费型分类将会标准化，消费者也会从标准化中受益，但是零售商和制造商又将开始通过自有品牌和添加设计因素增加个性化	5	5	5	5	1
	合计		4.9	4.3	4.3	3.9	1.0

说明：1—5分表示各零售业态对消费发展趋势的适应程度由低到高

作者：王涛，2007 年 11 月；未经许可，请勿转载。

53

153

附

录

总之，大卖场和专业店更有能力迎合未来的消费发展趋势

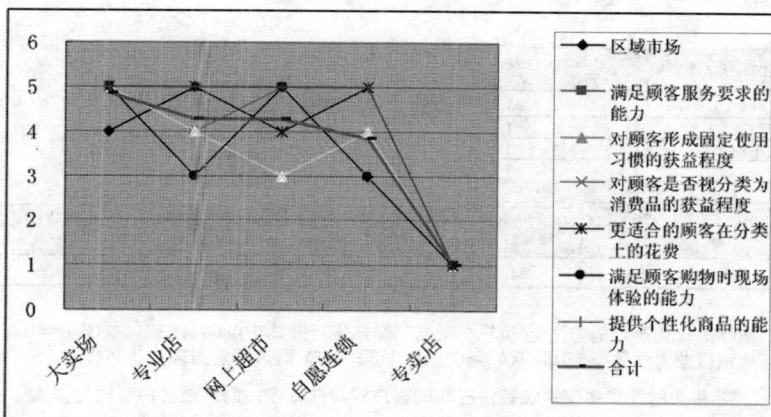

图例：
- ◆ 区域市场
- ■ 满足顾客服务要求的能力
- ▲ 对顾客形成固定使用习惯的获益程度
- ✕ 对顾客是否视分类为消费品的获益程度
- ✳ 更适合的顾客在分类上的花费
- ● 满足顾客购物时现场体验的能力
- ＋ 提供个性化商品的能力
- ── 合计

作者：王涛，2007 年 11 月；未经许可，请勿转载。

54

大卖场部分

作者：王涛，2007年11月；未经许可，请勿转载。

辅迅咨询
Valuepool Consulting

分析1：中国市场上大卖场业态的集中度还非常低

单位：亿元

前四位大卖场	2006年销售总额
百联集团	770.95
华润万家	378.53
家乐福	248.00
物美	231.19
合计	1628.67

前四位大卖场占比
3.37%

2005年每人食品和家庭用品设备支出	2005年总人口（亿人）	食品和家庭用品设备总支出（亿元）	2006经济增长率	2006年食品和家庭用品设备总支出（亿元）
3360.91	13.08	43960.70	10%	48356.77

国际上比较通行的方法是"贝恩分类法"，即：如果行业集中度CR4<30%或CR8<40%，则该行业为竞争型；如果CR4≥30%或CR8≥40%，则该行业为寡头垄断型。

零售业的高集中度意味着供应商的客户数量在减少，而每个客户变得更强大

数据来源：国家统计局

作者：王涛，2007年11月；未经许可，请勿转载。

渠道的衰落

未来几年大卖场会快速增长，前四位大卖场的增长率几乎达到了两年翻一番

排名	前10位大卖场	2006年销售总额（亿元）	同比增长
1	百联集团	770.95	74.42%
2	华润万家	378.53	25.59%
3	家乐福	248.00	52.70%
4	物美	231.19	21.22%
5	北京华联	212.00	1.92%
6	农工商	196.26	11.84%
7	大润发	195.87	24.76%
8	沃尔玛	150.32	30.00%
9	新一佳	142.55	20.79%
10	易初莲花	135.00	34.19%
合计		2660.67	28.74%
		前四位增长率	43.48%

数据来源：国家统计局

作者：王涛，2007 年 11 月；未经许可，请勿转载。

分析2：大卖场将不断引进新分类，并蚕食各个分类在其他零售业态的市场份额

2000年家乐福家电处增加的分类（部分）

部门	中分类	小分类
大家电	消毒柜	中央空调、嵌入式空调、氧吧、净水宝
小家电	缝纫机、热水器、筒式吸尘器、电饭锅、电饭煲、吊扇、辐射式取暖器、油汀、浴霸	照相机干燥剂
照相/办公/通讯设备	数码照相机、存储卡	小灵通、CDMA手机、对讲机

新的分类

新的分类

由于大卖场拥有众多门店，因此他们可以迅速争取到一个新分类更大的市场份额

作者：王涛，2007 年 11 月；未经许可，请勿转载。

一旦某分类变得更接近消费品，那么大卖场就会将这个分类引入超市

- 随着竞争和技术进步，各个分类都将趋向于逐渐降低价格，加之国内消费水平逐步提高，就促使消费者开始更多的使用新分类，并慢慢将他们视为消费品；

- 顾客对某分类形成了固定的购买习惯，那么大卖场必须考虑将这个分类引入到超市中，否则将会使顾客感到商品不齐全；

- 顾客认为某个分类是消费品，而不是耐用品，那么他们就会增加购买和淘汰次数，从而大大增加分类的周转次数。

59

作者：王涛，2007年11月；未经许可，请勿转载。

在一二级市场上，消费者已经对整理箱和微波炉形成了固定使用习惯，那么大卖场就应该引进它们

举例

60

作者：王涛，2007年11月；未经许可，请勿转载。

156

渠道的衰落

在国内市场，大卖场在未来几年会重点考虑增加新分类的行业和领域

- 汽车用品和维修
- 餐饮休闲
- 中高档服装
- 数码产品
- 生鲜产品
- 小家电
- ……

作者：王涛，2007 年 11 月；未经许可，请勿转载。

分析3：大卖场无疑将不断向下级市场拓展，只要市场容量可以接受，他们将一直向下拓展

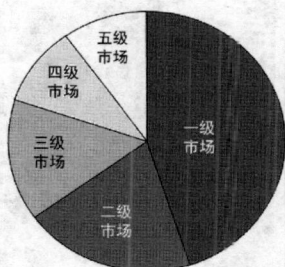

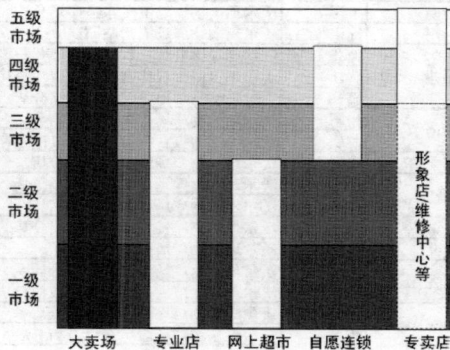

作者：王涛，2007 年 11 月；未经许可，请勿转载。

157

附
录

市场的人口规模和消费水平是大卖场考虑进入与否的关键因素

名　称	生产总值(亿元)	社会消费品零售总额(亿元)	全社会固定资产投资(亿元)	城镇居民人均可支配收入(元)	农村居民人均纯收入(元)
杭州市	2942.65	975.43	1386.68	16601.00	7655.00
宁波市	2449.31	759.83	1336.30	17394.00	7810.00
温州市	1596.35	680.86	542.11	19805.00	6845.00
台州市	1251.77	439.92	537.62	17394.00	6689.00

以大家电中的高端分类——消毒柜为例：杭州的生产总值非常高，因此那里的大卖场可以经营消毒柜；温州市城镇居民的人均可支配收入非常高，那里的大卖场也可以考虑经营消毒柜。

部门	中分类	小分类
大家电	消毒柜	中央空调、嵌入式空调、氧吧、净水宝
小家电	缝纫机、热水器、筒式吸尘器、电饭锅、电饭煲、吊扇、辐射式取暖器、油汀、浴霸	照相机干燥剂
照相/办公/通讯设备	数码照相机、存储卡	小灵通、CDMA手机、对讲机

63

作者：王涛，2007年11月；未经许可，请勿转载。

沃尔玛截至目前共17家大卖场进入三级市场

举例

所属省市		店名
云南	玉溪	沃尔玛购物广场玉溪东凤广场分店
四川	绵阳	沃尔玛购物广场绵阳临园路分店
福建	漳州	沃尔玛深国投百货有限公司漳州丹霞路分店
	晋江	沃尔玛深国投百货有限公司晋江分店
	泉州	沃尔玛购物广场泉州江滨北路分店
湖南	岳阳	沃尔玛购物广场岳阳巴陵中路分店
	娄底	沃尔玛深国投百货有限公司娄底春园分店
湖北	襄樊	沃尔玛购物广场襄樊长虹路分店
浙江	金华	沃尔玛购物广场金华时代广场分店
	衢州	沃尔玛购物广场衢州坊门分店
安徽	芜湖	沃尔玛购物广场芜湖中山北路分店
河北	廊坊	沃尔玛购物广场廊坊朝阳分店
黑龙江	大庆	沃尔玛购物广场大庆纬五路分店
	齐齐哈尔	沃尔玛购物广场齐齐哈尔解放门分店
山东	烟台	沃尔玛购物广场烟台海港路分店
	潍坊	沃尔玛购物广场潍坊东风东街分店
山西	大同	沃尔玛购物广场大同永泰分店

数据来源：沃尔玛网站 2007 年 10 月 31 日

64

作者：王涛，2007年11月；未经许可，请勿转载。

分析4：大卖场的经营模式从分类外包向自营转变

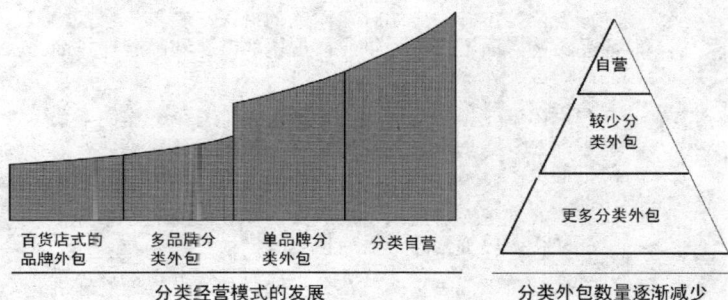

| 百货店式的品牌外包 | 多品牌分类外包 | 单品牌分类外包 | 分类自营 |

分类经营模式的发展

自营

较少分类外包

更多分类外包

分类外包数量逐渐减少

作者：王涛，2007 年 11 月；未经许可，请勿转载。

159

附录

分类外包对于零售商来说有很大的弊端

- 供应商经营管理水平的高低决定了零售商在这个分类上的经营水平；

- 供应商的经营绩效就是零售商的经营绩效；

- 当供应商的产品质量或者价格不具备优势时，超市将损失顾客，而供应商只是损失这一家门店的营业额而已；

- 供应商在某个分类中做强后，零售商就处于了弱势地位，无法与之讨论价格等问题。

作者：王涛，2007 年 11 月；未经许可，请勿转载。

分类自营能够帮助零售商提高竞争能力

- 根据各个城市、门店的顾客群体的需求，安排更合理的商品结构，而不是根据供应商提供的产品和品牌安排商品结构；

- 充分发挥多分类组合的优势，灵活调整各个分类的毛利率指标，以变动商品的零售价格，使零售商获得更好的价格形象；

- 能够更好地把握行业的发展趋势，使零售商对各个分类分配的资源更加合理，从而使利润最大化；

- 分类自营可以使零售商站在分类的视角，更好地管理供应商，从而获得更多的利益。

67

作者：王涛，2007 年 11 月；未经许可，请勿转载。

延伸问题：外包模式更适合快速拓展，但是将来遗留下来的经营管理问题会非常复杂

单位：亿元

排名	前四位电器专业店	2006年销售总额	门店数量	单店年销售额
1	国美	869.30	820	1.06
2	苏宁	609.52	520	1.17
3	五星	178.01	229	0.78
4	大中	87.00	97	0.90
合计		1743.83	1666	1.05

单位：亿元

排名	前四位大卖场	2006年销售总额	门店数量	单店年销售额
1	家乐福	248.00	95	2.61
2	大润发	195.87	68	2.88
3	沃尔玛	150.32	71	2.12
4	好又多	140.00	101	1.39
合计		734.19	335	2.19

68

作者：王涛，2007 年 11 月；未经许可，请勿转载。

分析5：大卖场在物流管理、门店管理和内部管理的规范化上都将出现很大的变化

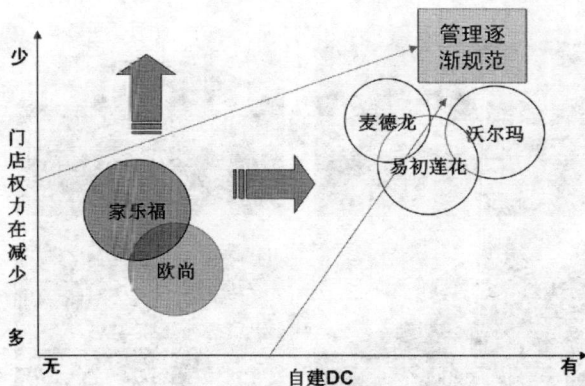

少

门店权力在减少

多

无　　　　　　自建DC　　　　　　有

管理逐渐规范

麦德龙　　沃尔玛

易初莲花

家乐福

欧尚

69　　　　　　　　作者：王涛，2007年11月；未经许可，请勿转载。

附录

当门店数量逐渐增加时，收回门店权力是必然的结果，否则将导致管理混乱，最终影响经营绩效

举例

订货	陈列	促销谈判	定价
无法控制缺货，无法保证商品结构的完整性，无法有效控制库存成本。无法根据销量订货	无法保证陈列空间的合理性，无法保证陈列原则的合理性	无法保证促销的效果，无法有效利用促销位置和DM	单品价格混乱，无法控制毛利，也无法保持统一的价格形象

70　　　　　　　　作者：王涛，2007年11月；未经许可，请勿转载。

渠道的衰落

经营管理经验丰富的零售商对其他零售商的收购过程，实际上就是一个管理规范的过程

举例

71　　　　　　　　　　　　　作者：王涛，2007 年 11 月；未经许可，请勿转载。

分析6：大卖场在管理模式上的一些变化将导致他们逼迫中间商（省级和城市中）退出供应链

- 大卖场的DC将使经销商失去物流职能，全国性和区域性的大物流将成为制造商关注的重点；

- 大卖场门店权力的减少，使经销商失去了部分销售职能，大卖场的门店将变的没有订货、陈列、定价和促销谈判等权力；

- 大卖场的管理规范将使经销商的客情关系的重要性逐渐下降；

- 大卖场每年的费用上涨，使中间商的利润空间逐渐被压缩到底，他们也失去了为制造商抵消一部分费用压力的作用。

72　　　　　　　　　　　　　作者：王涛，2007 年 11 月；未经许可，请勿转载。

分析7：供应商和大卖场的冲突将进一步加剧

供应商在大卖场中的费用太高，而没有了利润或者利润率非常低低

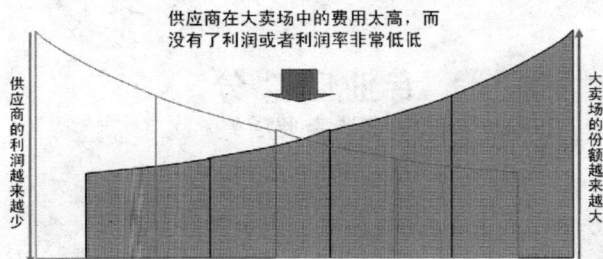

供应商的利润越来越少

大卖场的份额越来越大

• 当大卖场的市场份额还很小时，供应商因不重视而随意增加给他们的费用；

• 还有很多供应商不知道如何与大卖场合作，误将费用谈高；

作者：王涛，2007 年 11 月；未经许可，请勿转载。

163

附录

分析8：大卖场的市场危机

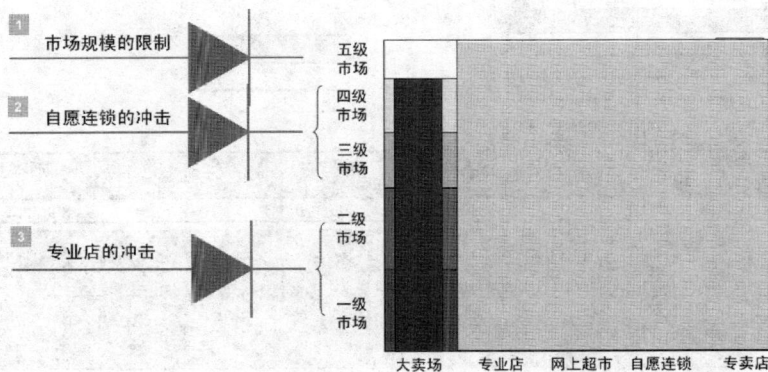

1 市场规模的限制

2 自愿连锁的冲击

3 专业店的冲击

五级市场
四级市场
三级市场
二级市场
一级市场

大卖场　专业店　网上超市　自愿连锁　专卖店

作者：王涛，2007 年 11 月；未经许可，请勿转载。

专业店部分
（电器专业店）

说明：由于经营不同分类的专业店所面临的市场环境不同，因此在分析专业店的发展趋势时，必须针对不同的专业店进行单独的分析，我们这里以电器专业店为例进行分析。

作者：王涛，2007 年 11 月；未经许可，请勿转载。

164

渠道的衰落

分析1：电器专业店的集中度非常高

单位：亿元

前四位电器专业店	2006年销售总额
国美	869.30
苏宁	609.52
五星	178.01
大中	87.00
合计	1743.83

前四位专业店占比
56.85%

2005年每人耐用消费品消费性支出（元）	2005年总人口（亿人）	耐用消费品总支出（亿元）	2006年经济增长率	2006年耐用消费品总支出（亿元）
213.21	13.08	2788.79	10%	3067.67

国际上比较通行的方法是"贝恩分类法"，即：如果行业集中度CR4<30％或CR8<40％，则该行业为竞争型；如果CR4≥30％或CR8≥40％，则该行业为寡头垄断型。

零售业的高集中度意味着供应商的客户数量在减少，而每个客户变得更强大

数据来源：国家统计局
作者：王涛，2007 年 11 月；未经许可，请勿转载。

分析2：由于消费水平的提高，更多的居民会购买更多的电器分类，并逐渐将它们视为消费品

项　目	总平均	最低收入户 (10%)	困难户 (5%)	低收入户 (10%)	中等偏下户 (20%)	中等收入户 (20%)	中等偏上户 (20%)	高收入户 (10%)	最高收入户 (10%)
电风扇　（台）	172.18	135.77	126.72	156.09	166.70	172.65	180.73	187.79	203.63
微波炉　（台）	47.61	12.91	9.33	22.96	34.99	49.09	59.83	71.67	83.66
取暖器　（台）	35.51	14.85	10.71	23.02	29.61	36.76	43.03	46.74	53.03
电炊具　（台）	107.20	80.23	76.07	84.07	96.07	104.43	118.06	130.21	143.47
排油烟机（台）	67.93	36.87	32.69	52.56	61.68	71.14	76.32	84.02	88.89
消毒碗柜（台）	15.77	3.94	2.49	8.40	10.60	13.70	18.76	25.21	35.49
洗碗机　（台）	0.64	0.10	0.07	0.33	0.41	0.66	0.75	1.02	1.35
饮水机　（台）	42.40	18.02	14.82	28.73	36.84	43.12	50.41	55.28	62.56
吸尘器　（台）	13.57	1.68	1.24	3.61	6.68	10.92	17.21	24.89	37.85

数据来源：国家统计局

作者：王涛，2007 年 11 月；未经许可，请勿转载。

165

附录

分析3：随着消费水平的提高，专业店将不断向下级市场拓展

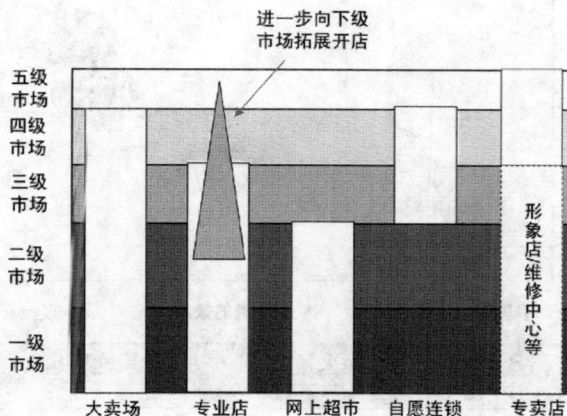

进一步向下级
市场拓展开店

五级市场
四级市场
三级市场
二级市场
一级市场

形象店、维修中心等

大卖场　专业店　网上超市　自愿连锁　专卖店

数据来源：国家统计局

作者：王涛，2007 年 11 月；未经许可，请勿转载。

分析4：随着大规模的市场拓展阶段的结束，品牌外包模式逐渐向分类自营方向发展

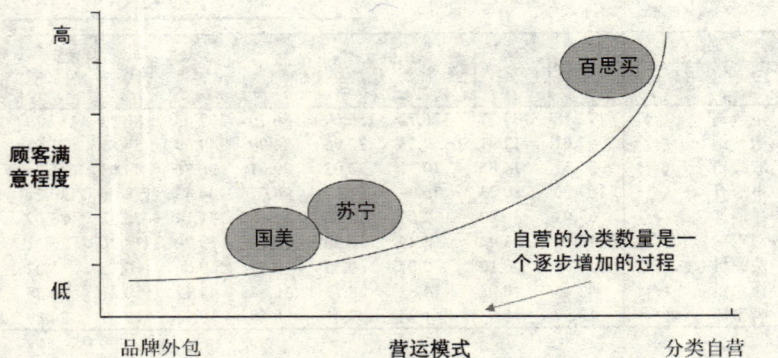

高

顾客满
意程度

低

百思买

苏宁

国美

自营的分类数量是一个逐步增加的过程

品牌外包   营运模式   分类自营

作者：王涛，2007 年 11 月；未经许可，请勿转载。

分析5：专业店为了寻找差异化，必然走向分类的进一步细分，开创新的细分专业店

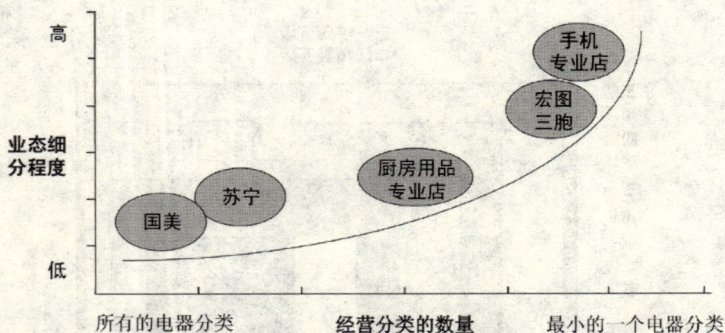

高

业态细
分程度

低

手机
专业店

宏图
三胞

厨房用品
专业店

苏宁

国美

所有的电器分类   经营分类的数量   最小的一个电器分类

> 大卖场业态分类越来越多，而专业店分类越来越少，但是产品越来越丰富，服务也越来越专业

作者：王涛，2007 年 11 月；未经许可，请勿转载。

166

渠道的衰落

分析6: 专业店为了进一步降低成本和提高营业额，开始寻求与供应商的战略合作

- 寻求与供应商在供应链优化上的合作；
- 寻求与供应商开展品类管理项目；
- 寻求与供应商展开制定和实施联合营销计划。

167

附录

网上超市部分

分析1：网上超市将会有迅速的发展，这与电脑和网络的普及有直接的关系

淘宝网声称，2006年全年交易总额突破169亿元，这一数字超过易初莲花（100亿元）、沃尔玛（99.3亿元）各自在华的全年营业额。

此外，从淘宝销售产品分类来看，化妆品和手机是网上交易量最大的商品，淘宝网2006年全年销售手机及配件金额在53亿元左右，这一数字逼近中国手机第一连锁卖场迪信通60亿元的销售额目标，远超过协享等全国手机专卖连锁店。

作者：王涛，2007 年 11 月；未经许可，请勿转载。

分析2：部分分类会率先在网上超市得到迅速发展

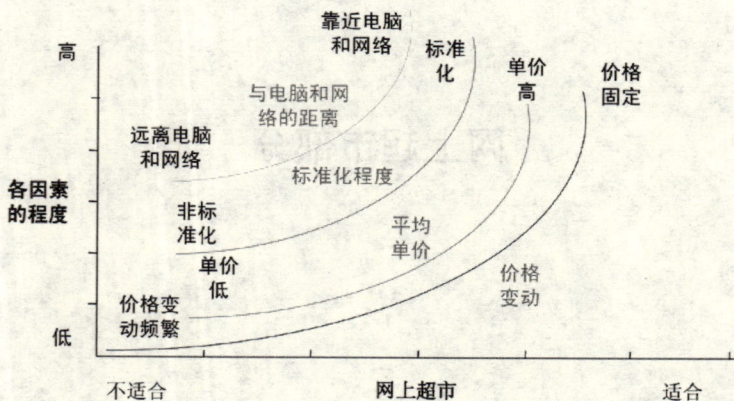

各因素的程度

高

靠近电脑和网络
标准化
单价高
价格固定

与电脑和网络的距离

远离电脑和网络

标准化程度

非标准化

平均单价

单价低

价格变动

低

价格变动频繁

不适合　　　　　　　　网上超市　　　　　　　　适合

作者：王涛，2007 年 11 月；未经许可，请勿转载。

购物习惯的变化会使网上超市逐渐克服分类因素的限制

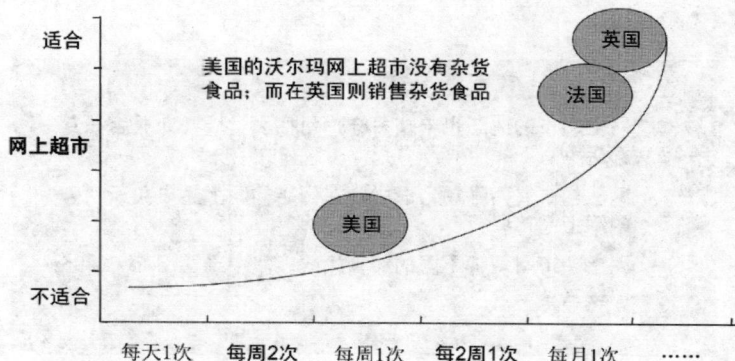

美国的沃尔玛网上超市没有杂货食品；而在英国则销售杂货食品

适合

网上超市

不适合

英国　法国　美国

每天1次　每周2次　每周1次　每2周1次　每月1次　……

85　　　　　　　作者：王涛，2007 年 11 月；未经许可，请勿转载。

169

附录

分析3：至少在短期内，网上超市并不是传统超市的替代者

最重要的原因是：由于物流、消费能力和习惯、产品的标准化等因素，传统超市销售的大部分分类也是居民生活最需要的一些分类还不适合在网上超市销售，比如蔬菜、肉、粮油、调味品等。

John Fleming： 沃尔玛网站成立于2000年，当时有一种看法认为，互联网将取代传统零售，实体商店将成为灭绝的恐龙。但我们很快就意识到，顾客对网上渠道的看法并不是这样的，沃尔玛网站的价值定位是让沃尔玛的顾客能够了解更多关于沃尔玛的信息，并创建了易于使用的 Web 应用程序，使顾客能够获得他们在现实商店找不到的商品。

　　因此，虽然我们以前仅仅把沃尔玛网站看作是另一个渠道，但我们现在将它看作是对沃尔玛商店和沃尔玛品牌的补充。——沃尔玛执行副总裁

86　　　　　　　作者：王涛，2007 年 11 月；未经许可，请勿转载。

分析4：网上超市尚处于发展阶段，因此存在着多种不同的模式

- 网上超市的业态也丰富多样，包括大卖场、专业店和专卖店等；

- 网上超市有两种销售形式：有门店的网上超市和无门店的网上超市；

- 网上超市有两种不同的经营模式：集中经营(B to C)和分散经营（C to C）。

87

分析5：专业店将会是增长最快的网上超市业态

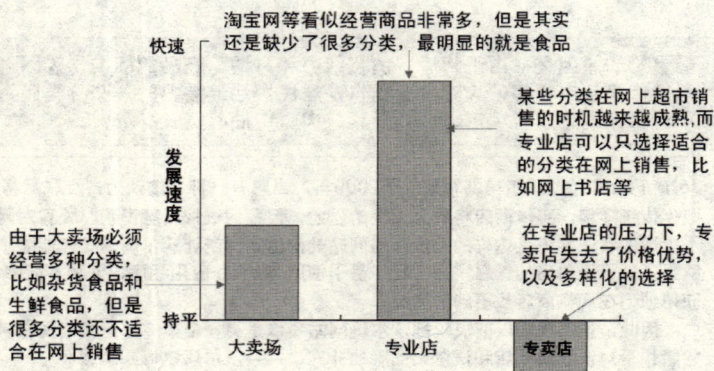

淘宝网等看似经营商品非常多，但是其实还是缺少了很多分类，最明显的就是食品

快速

发展速度

某些分类在网上超市销售的时机越来越成熟，而专业店可以只选择适合的分类在网上销售，比如网上书店等

由于大卖场必须经营多种分类，比如杂货食品和生鲜食品，但是很多分类还不适合在网上销售

在专业店的压力下，专卖店失去了价格优势，以及多样化的选择

持平

大卖场   专业店   **专卖店**

88

当当网、卓越网等都以书为主要的经营分类，还有很多其他的网上书城

举例

图书音像软件	消费电子	日用消费品	
图书	手机/通讯	个人护理	母婴
影视	家电	钟表首饰	化妆品
音乐	电脑/配件	礼品箱包	家居
软件/学习	摄影/摄像	玩具	运动健康
游戏/娱乐	MP3/MP4	厨具	
	视听/车载		

专业店			
文学书店	生活书店	计算机书店	外语书店
经管书店	励志书店	人文社科书店	学术书店
少儿书店	艺术书店	进口原版书店	科技书店
教材书店	儿童音乐店	专题纪录片店	卡通动画店
戏曲曲艺店	休闲音乐店	古典音乐店	DVD9影视店
生活百科店	进口CD店	摇滚音乐店	影音音乐店
爵士音乐店	HIFI发烧店	电视剧店	民族音乐店
华语流行店	外语流行店	经典电影店	儿童影视店
美国电影店	港台电影店		

附

录

分析6：有实体门店的网上超市将会受到经营分类数量上更大的限制，而无法专注于网上超市的经营

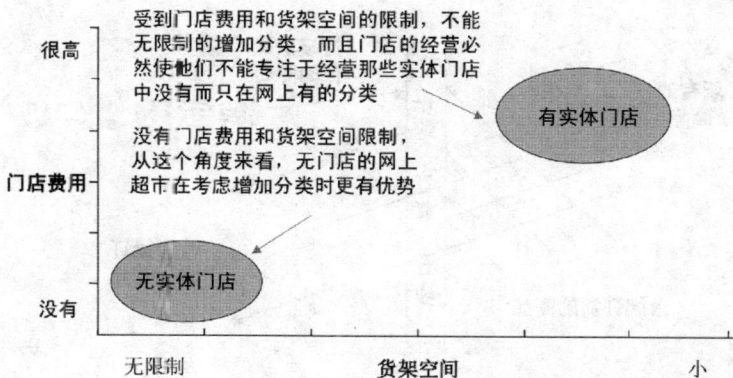

受到门店费用和货架空间的限制，不能无限制的增加分类，而且门店的经营必然使他们不能专注于经营那些实体门店中没有而只在网上有的分类

有实体门店

没有门店费用和货架空间限制，从这个角度来看，无门店的网上超市在考虑增加分类时更有优势

无实体门店

很高

门店费用

没有

无限制　　　　货架空间　　　　小

渠道的衰落

辅迅咨询
Valuepool Consulting

需要永续订货的商品很难在无门店的情况下进行网上销售

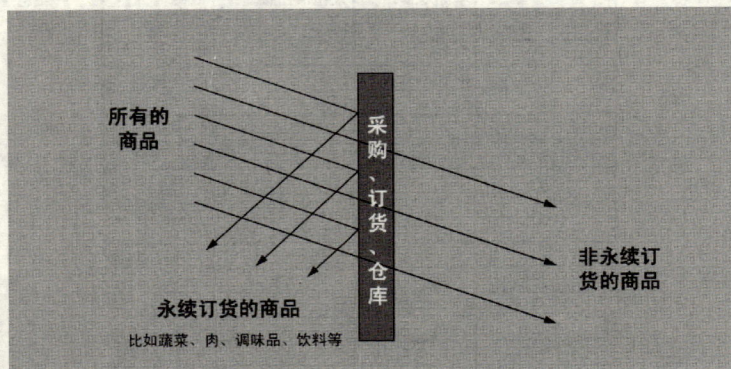

所有的商品

采购、订货、仓库

非永续订货的商品

永续订货的商品
比如蔬菜、肉、调味品、饮料等

91

作者：王涛，2007年11月；未经许可，请勿转载。

辅迅咨询
Valuepool Consulting

分析7：分散式经营模式（C to C）更适合当前中国的现状，它将是近期主流的网上超市模式

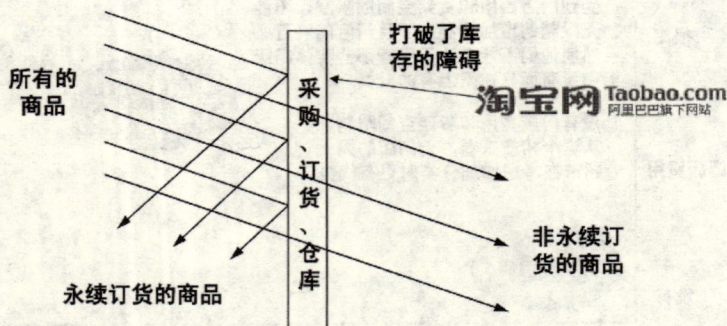

所有的商品

采购、订货、仓库

打破了库存的障碍

淘宝网 Taobao.com
阿里巴巴旗下网站

永续订货的商品

非永续订货的商品

92

作者：王涛，2007年11月；未经许可，请勿转载。

分散式经营模式带来了市场价格的冲突，制造商的渠道模式是解决问题的关键

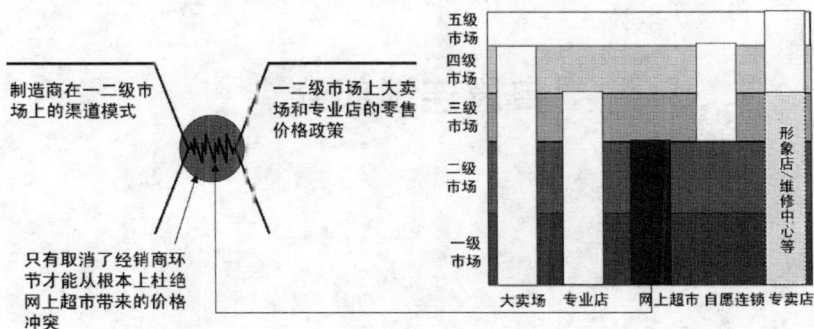

制造商在一二级市场上的渠道模式

一二级市场上大卖场和专业店的零售价格政策

只有取消了经销商环节才能从根本上杜绝网上超市带来的价格冲突

五级市场
四级市场
三级市场
二级市场
一级市场

形象店、维修中心等

大卖场　专业店　网上超市　自愿连锁　专卖店

93

作者：王涛，2007 年 11 月；未经许可，请勿转载。

集中式经营模式（B to C）将会是未来的主流，而由供应商提供库存是未来集中式经营模式的机会

- 分散式经营无法形成采购优势，因而无法获得更低的供价，最终将失去价格优势；
- 由于分散式经营容易导致商品价格的混乱，因此分散式经营模式最终将会受到厂商的限制；
- 由供应商提供库存的方式类似于超市的卖场场地外包，将会给集中式经营模式带来机会。

94

作者：王涛，2007 年 11 月；未经许可，请勿转载。

173

附录

自愿连锁部分

作者：王涛，2007年11月；未经许可，请勿转载。

分析1：自愿连锁将会在未来几年内，在中国市场上迅速发展，其销售规模会大幅超越独立超市

据统计，2006年中国IGA新发展特许商9家。到目前为止，中国IGA加盟商已有14家，覆盖中国10个省1个直辖市，门店数达到1000家，年销售总额近300亿元。

单位：亿元

排名	前4位大卖场	2006年销售总额	门店数量	单店年销售额
1	家乐福	248.00	95	2.61
2	大润发	195.87	68	2.88
3	沃尔玛	150.32	71	2.12
4	好又多	140.00	101	1.39
合计		734.19	335	2.19

作者：王涛，2007年11月；未经许可，请勿转载。

分析2：自愿连锁将会在未来几年内帮助国内中小零售商快速提高经营管理水平

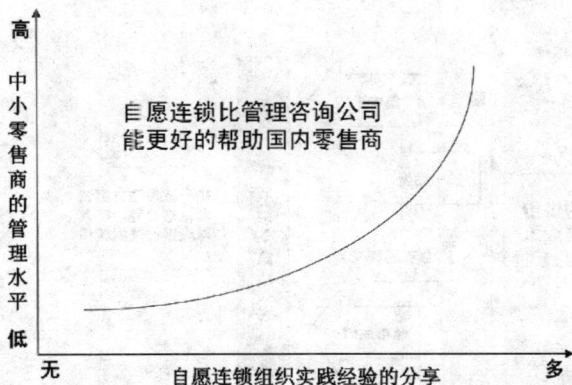

图中文字：
- 纵轴：高 — 中小零售商的管理水平 — 低
- 横轴：无 —— 自愿连锁组织实践经验的分享 —— 多
- 自愿连锁比管理咨询公司能更好的帮助国内零售商

97

作者：王涛，2007年11月；未经许可，请勿转载。

175

SPAR的经营策略中很重视培训和经验分享

举例

SPAR成功的人才培训

为了最大程度赢得顾客的满足，SPAR不仅提供优质商品，而且非常注重亲切和友善的服务态度；

在奥地利，南非及英国等地设立自己的学院，使员工们深入了解零售行业的最新发展，掌握专业的零售经营技巧。

SPAR独一无二的零售实践

对食品充满激情；

对SPAR来说，零售不仅是一个职业，而且是一种生活方式；

SPAR能够为顾客提供一个舒适的购物环境，令顾客体验和感受到购物是一种乐趣；

区域零售商的独立性，让他们能发挥企业家的心态，直接跟顾客建立良好的关系，配合顾客的需要；

优秀的区域零售商互相交流，分享更多零售经验，共同提升核心竞争力。

来源：SPAR广东网站 http://www.spar-gd.cn

98

作者：王涛，2007年11月；未经许可，请勿转载。

附录

渠道的衰落

分析3：自愿连锁所发挥的最大作用是在供应链，而不是顾客

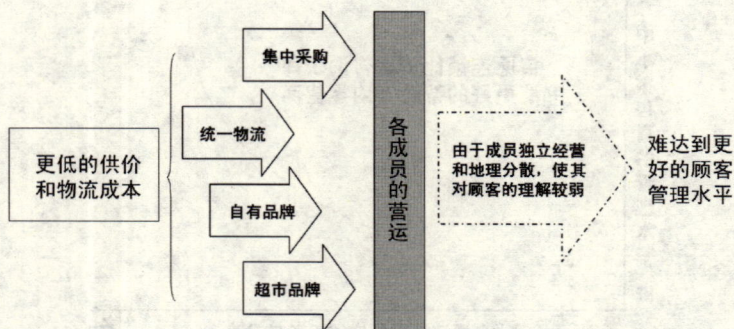

集中采购

统一物流

各成员的营运

更低的供价和物流成本

自有品牌

由于成员独立经营和地理分散，使其对顾客的理解较弱

难达到更好的顾客管理水平

超市品牌

99   作者：王涛，2007 年 11 月；未经许可，请勿转载。

自有连锁带来更多的是集中采购和配送、超市品牌和自有品牌等方面的价值

举例

SPAR卓有成效的品牌策略
电视广告传播价值观；
利用店铺形象促进品牌；
赞助欧洲田径运动锦标赛；

SPAR极具竞争力的商品价格
"按最优惠的价格，提供最好的品质"
大规模采购，更优惠的采购价格，共同分享更大利益；
自有品牌，优惠的价格，优质的商品；
国际性，超过350个品牌按不同语言包装。

SPAR出色的营运
SPAR能将货物运送到世界每个角落，覆盖超过15000家的SPAR店铺，其秘诀在于：
货源的甄选、商品的储存、物流配送，SPAR都寻找最出色的营运方案；
在竞争激烈的环境中，SPAR定期举行物流支持分析会、研讨会；
组建工作小组和发行出版物，向SPAR成员企业介绍物流方案和最新信息技术，提高物流和零售各环节的经营效率。

来源：SPAR 广东网站 http://www.spar-gd.cn/index.php   100   作者：王涛，2007 年 11 月；未经许可，请勿转载。

自愿连锁总部无法在内部实施统一的经营管理，这使自愿连锁成员无法更好地满足顾客需求

举例

　　我们在得克萨斯州普莱诺市的门店就是为选择型顾客提供其所需要的购物体验的一个很好的例子。那里的商品和我们其他商店的商品确实有所不同，比如葡萄酒的种类大大增加。但总共只有3200个SKU和我们的基本计划不同。这家店的业绩很好，主要原因就在于它所提供的顾客体验。我们削减了将近10000个SKU，以使商品种类更集中，商品陈列更一目了然。

——沃尔玛执行副总裁John Fleming

作者：王涛，2007年11月；未经许可，请勿转载。

177

附录

分析4：松散的、近似于管理咨询的方式无法彻底提高自愿连锁成员的日常经营管理能力

像营销者那样思考，即根据数据来做出决策；但要像商人那样行动，即必须迅速对市场变化做出反应。

——沃尔玛执行副总裁John Fleming

这是很难用管理系统和咨询的方式得到彻底提高的

作者：王涛，2007年11月；未经许可，请勿转载。

分析5：自愿连锁将会经历三个阶段的发展，外部挑战和内部调整并存

- 第一阶段，共同发展：由于很多三四级以下的零售市场仍然有很大的发展空间，当地连锁超市通过自愿连锁降低了供价和经营成本，并获得了一定的管理咨询支持，为他们进一步扩展市场提供了帮助；

- 第二阶段，内部的竞争和购并：随着市场的进一步饱和，自愿连锁成员之间的竞争开始越来越激烈，这时利益的竞争将更为突出。随着自愿连锁成员发展的不平衡，竞争中会有互相购并的现象出现；

- 第三阶段，外部挑战：当大卖场和专业店业态有能力大规模从一二级市场向下级市场发展时，自愿连锁松散经营模式的缺陷将使其成员的竞争能力相对不足。

作者：王涛，2007 年 11 月；未经许可，请勿转载。

分析6：最终自愿连锁内部各个成员之间仍然是利益竞争关系，这不同于一家超市中门店之间的竞争

- 供应商都愿意将促销资源投入到销售更好的门店中，而这些门店可能是不平衡地分布在不同的自愿连锁成员之间，那么成员之间争夺促销资源是不可避免的；

- 临近区域的自愿连锁成员其门店拓展将会面临冲突，任何人都不愿意放弃空白的市场和有潜力的选址资源；

- 各成员不同的分类定位和价格政策会导致处于同一个市场上的各成员之间的门店发生价格冲突；

- 人才之间的竞争也在所难免，成员内部的人员互相流动是无法控制的；

- ……

作者：王涛，2007 年 11 月；未经许可，请勿转载。

专卖店部分

作者：王涛，2007 年 11 月；未经许可，请勿转载。

179

附 录

分析1：随着专业店的发展和细分，专卖店的生存空间逐渐被压缩

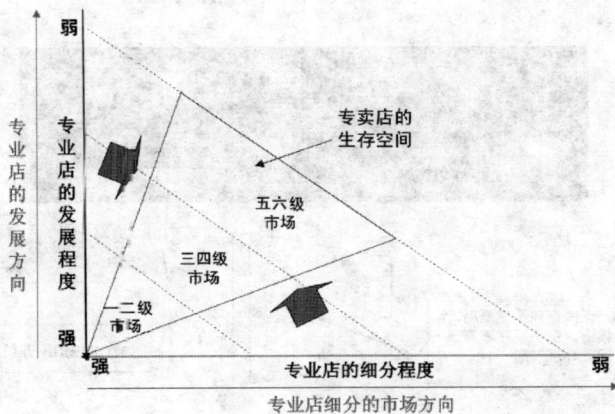

专业店的发展方向

弱

专业店的发展程度

专卖店的生存空间

五六级市场

三四级市场

一二级市场

强

强　　　　专业店的细分程度　　　　弱

专业店细分的市场方向

作者：王涛，2007 年 11 月；未经许可，请勿转载。

百思买（BEST BUY）细分有多种专业店，宏图三胞电脑专业店发展也很迅速

举例

名称	业态	门店数量（家）	2006年总销售额（亿元）	增长率（%）
宏图三胞	电脑专业店	105	103	53.73

作者：王涛，2007 年 11 月；未经许可，请勿转载。

戴尔公司的渠道变化和困惑

举例

网上直销，无库存和渠道费用，以低价为核心，由于不在零售渠道销售，因此外观一般

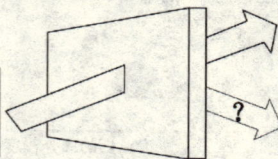

在美国与沃尔玛合作，在中国已经与国美合作

？

为什么他们不开门店呢？

作者：王涛，2007 年 11 月；未经许可，请勿转载。

分析2：随着分类的平均价格不断降低，以及逐渐消费品化，专卖店的生存空间被进一步压缩

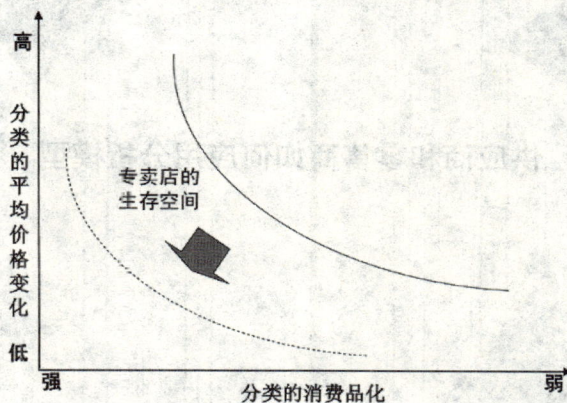

专卖店的生存空间

高

分类的平均价格变化

低

强　　　分类的消费品化　　　弱

109　　　作者：王涛，2007年11月；未经许可，请勿转载。

181

附录

分析3：随着大卖场和专业店在各级市场上的渗透，专卖店的职能逐渐从以销售为主转变为以服务为主

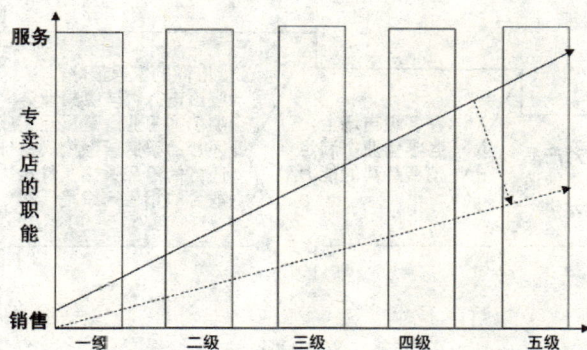

服务

专卖店的职能

销售

一级　　二级　　三级　　四级　　五级

110　　　作者：王涛，2007年11月；未经许可，请勿转载。

渠道的衰落

辅迅咨询
Valuepool Consulting

供应商和零售商如何应用分析模型

作者：王涛，2007 年 11 月；未经许可，请勿转载。

辅迅咨询
Valuepool Consulting

供应商如何应用零售业态发展趋势分析模型制定渠道策略

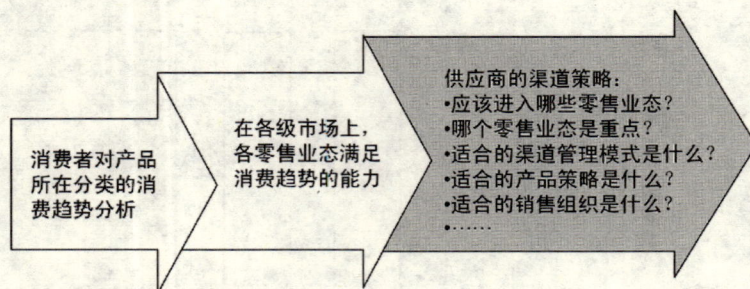

消费者对产品所在分类的消费趋势分析

在各级市场上，各零售业态满足消费趋势的能力

供应商的渠道策略：
•应该进入哪些零售业态？
•哪个零售业态是重点？
•适合的渠道管理模式是什么？
•适合的产品策略是什么？
•适合的销售组织是什么？
•……

作者：王涛，2007 年 11 月；未经许可，请勿转载。

供应商利用零售业态发展趋势分析模型制定渠道策略的逻辑和工具

举例

NO.	消费因素	消费者对某分类的消费发展趋势
1	消费者对服务的要求程度	消费者对服务的要求逐渐降低
2	消费者形成固定使用(食用)习惯的程度	已经形成固定使用习惯
3	消费者视分类为消费品的程度	已经视此分类为消费品
4	消费者在分类上的花费趋势	在此分类上的花费逐渐降低
5	消费者在购物时的现场体验需求程度	现场体验要求逐渐减少
6	消费者对个性化商品的需求程度	产品逐渐的走向标准化

NO.	消费者对某分类的消费发展趋势	各零售业态满足消费发展趋势的能力				
		大卖场	专业店	网上超市	自愿连锁	专卖店
1	消费者对服务的要求逐渐降低					
2	已经形成固定使用习惯					
3	已经视此分类为消费品					
4	在此分类上的花费逐渐降低					
5	现场体验要求逐渐减少					
6	产品逐渐走向标准化					

供应商的渠道策略:
应该进入哪些零售业态?
哪个零售业态是重点?
适合的渠道管理模式是什么?
适合的产品策略是什么?
适合的销售组织是什么?
……

作者:王涛,2007年11月;未经许可,请勿转载。

183

附录

零售商如何应用零售业态发展趋势分析模型实施品类管理

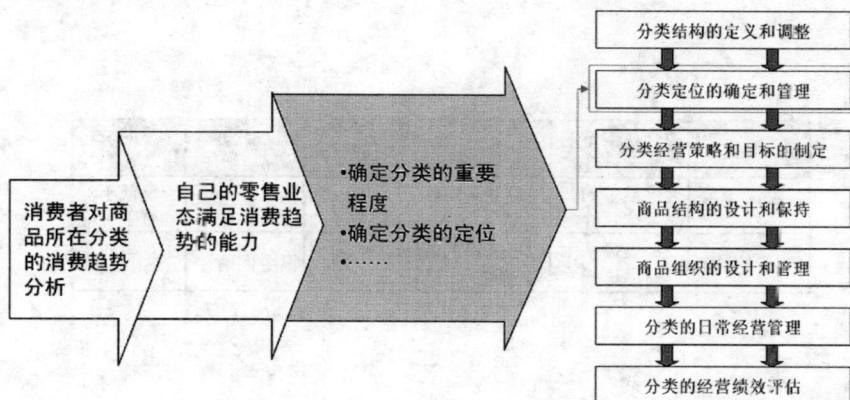

消费者对商品所在分类的消费趋势分析

自己的零售业态满足消费趋势的能力

· 确定分类的重要程度
· 确定分类的定位
· ……

分类结构的定义和调整
分类定位的确定和管理
分类经营策略和目标的制定
商品结构的设计和保持
商品组织的设计和管理
分类的日常经营管理
分类的经营绩效评估

作者:王涛,2007年11月;未经许可,请勿转载。

辅迅咨询
Valuepool Consulting

如果从办公文具分类的消费发展趋势分析，它是大卖场的便利性分类，是网上文具店的目的性分类

举例

NO.	消费因素	消费者对分类的消费发展趋势
1	消费者对服务的要求程度	消费者对服务的要求很高，比如送货、快速结帐、帮助挑选等
2	消费者形成固定使用（食用）习惯的程度	已经形成固定使用习惯
3	消费者视分类为消费品的程度	已经视此分类为消费品
4	消费者在分类上的花费趋势	在此分类上的花费比较稳定
5	消费者在购物时的现场体验需求程度	消费者对现场体验要求非常少
6	消费者对个性化商品的需求程度	产品逐渐走向标准化

大卖场：	网上文具店：
由于大卖场不能提供更高的服务，而且顾客并没有更高的现场体验要求，所以大卖场不适合经营办公文具，那么它是大卖场的便利性分类；	由于网上文具店能提供更高的服务，送货、配货、定制服务等，而且也没有提供现场体验，因此可以容纳更多的商品，那么办公文具是网上文具店的目的性分类；

辅迅咨询
Valuepool Consulting

零售商根据分类定位来确定分类的经营策略，从而充分优化超市资源，以更好地满足顾客需求

举例

分类定位	为顾客提供的商品选择性	分类陈列空间	分类的位置	分类的促销政策	分类的价格政策
目的性分类	提供最多的商品可选择性	尽可能大的陈列空间	最好的陈列位置	更多的促销	一直低于竞争对手
便利性分类	只提供最基本的商品选择	尽可能小的陈列空间	最差的陈列位置	很少促销	比竞争对手高

对分类的消费趋势分析和零售业态满足消费趋势能力的分析，使供应商和零售商的合作更加默契

供应商

- 产品不进入此零售业态
- 此零售业态不是重点销售渠道
- 只提供很少的产品规格
- 不投入更多的促销支持
- ……

某分类的消费趋势不适合某零售业态

零售商

- 不经营此分类的商品
- 此分类只是便利性分类，不是重点分类
- 只引进很少的品牌和商品
- 不投入更多的促销支持
- ……

117　　　作者：王涛，2007 年 11 月；未经许可，请勿转载。

185

推动管理
PUSHPOWER MANAGEMENT

供零
战略

分类
管理

THE BATTLE
货架上
的战役

王 涛

零售业和供零关系研究学者

电话：021-62606335
手机：13818154845
电邮：gavin.wang@value-pool.com
博客：http://valuepool.bokee.com
网址：http://www.value-pool.com

研究现代零售业和供零关系的相关著作：

- 《推动管理》，揭示现代零售业的基本工作方法，即形成细致思维和应用表单相结合的工作行为习惯；
- 《供零战略》，揭示供零关系的本质，即供零之间存在着一定的竞争关系；
- 《分类管理》，从经营和零售商的视角，对传统的品类管理理论体现提出改革方向；
- 《货架上的战役》，站在现代渠道的市场环境下，提出对传统营销的革命。

118　　　作者：王涛，2007 年 11 月；未经许可，请勿转载。

谢 谢！

欢迎浏览"供零关系和零售管理"博客：
http://valuepool.bokee.com

186

渠道的衰落

后　记

　　经销商所必须面对的转型问题，确实起源于零售商的影响。现代零售业的崛起给供应链带来了巨大的变化，它们改变了原有的供应链结构。在新的供应链结构中，零售商替代厂商成为供应链中权利的象征，传统的经销商也将慢慢退出供应链，产品由厂商的工厂走到零售商货架上的路程必然会变得越来越短。因此，由零售商挑起的供应链结构变革不仅影响到了零售业本身，它还深深地影响了厂商和经销商，尤其是对经销商的影响，几乎涉及了经销商企业的生死存亡。当然，供应链的变化不会就此停止，它会随着零售商、厂商、消费者的变化而继续发生变化，因此，供应链中的所有成员都应该更频繁而持续地关注影响供应链的各个因素的变化。

　　本书所讨论的经销商转型方向只是针对目前的供应链现状，及其在近期的发展趋势的基础上所做出的初步判断。如果说本书有一些值得厂商、经销商和零售商借鉴的地方的话，我觉着应该是分析经销商转型方向的分析方法，以及在分析过程中渗入书中的对供应链内部各个成员之间的斗争与合作所做的分析。因为不管外部环境如何变化，对供应链的分析方法和思路是不会发生太大变化的，当然，对分析方法和思路的探讨也永无止境，也必然会有更科学和有效的分析方法和思路不断被研发出来。

　　另一个需要引起经销商注意的是，由于各种历史因素的影响，经销商在日常的经营活动中往往更多地依靠经营者个人的判断和感觉，而缺乏科学和理性的经营分析和方法。这就导致我们的经营活动缺乏必要的专业性，很多国内经销商缺乏真正的竞争能力，这也使整个国内供应链的效率处于比较低的水平。当然，缺乏专业性的问题不仅是经销商，国内的零售商和厂商都存在同样的问题，而且他们对整个供应链效率的影响比经销商更大。

虽然经销商的经营本质问题与经销商转型的联系不是很密切，但是我觉着还是有必要引起经销商的高度重视。正如我们在书中曾经讨论过的，经销商是无店铺的零售商，他们与厂商不同，其经营本质体现着鲜明的商业特性，其库存周转速度是决定经销商赢利与否的关键问题。因此经销商适当弱化营销观念，而加强对分类（品类）管理和库存管理等工作的重视，将会有利于经销商回归到其商业经营的本质上来，也将有利于经销商提高自身的专业能力。这样做既可以提升经营中的赢利能力，又为供应链运作效率的提高做出了相应的贡献。

在不久的未来，各个行业都将陆续走入"厂商－零售商"的供应链模式，也就意味着中间的经销商环节将会慢慢淡出供应链，经销商们根据不同的客观因素各自寻找自己的转型之路，至少在很多行业中，这样情况已经发生了，传统的经销商群体在慢慢衰落。如果我们仔细考虑的话会发现，一直以来我们在营销管理中称呼的"渠道"，其实代表的就是经销商群体，如果各个行业都演变成"厂商－零售商"模式了，那么渠道就消失了，至少渠道的含义已经发生了本质性的变化。这正是本书的题目《渠道的衰落》的由来，传统经销商群体的衰落也恰恰是"渠道的衰落"。

最后，真心预祝国内的经销商朋友们能够在供应链发生巨大变化的市场环境下，找到适合自己的转型方向，甚至完全脱离产品领域进入其他能够有更好发展的行业；同时，也预祝国内的厂商能够在供应链变化中适时调整自己的渠道策略，找到适合自己的渠道模式；当然，也祝愿国内的零售商们能够在供应链的变化中始终选择适合的供应商及其供货模式，而使自己保持更低的营运成本。

后记

致　谢

　　《渠道的衰落》一书终于完稿了，它的完成也使我对供应链的研究又向前推进了一步。《推动管理》和《分类管理》分别讨论了零售业的基本管理方法和基本的经营方法，零售商的一举一动都会深深地影响到供应链；《供零战略》和《货架上的战役》分别讨论了厂商面对供应链的变化，在经营管理思想和方法上需要做出的调整和变革。《渠道的衰落》一书是在从厂商和零售商的视角对供应链进行了探索之后，又添加的一个新视角，即经销商视角。

　　感谢中国社会科学出版社的门小薇小姐，她已经为我编辑了三本书，即《供零战略》、《分类管理》和《货架上的战役》，这本书将是她为我编辑的第四本书。她的专业能力和极其严谨的工作精神令我印象深刻，这也是促使我一再愿意将书稿交给她编辑的原因。

　　感谢朋友繆奕峰，是他使我决定首先完成这本书的写作，并对本书的结构提出了有价值的建议。非常感谢九阳公司的崔建华总裁和营销总经理蔡默先生，以及九阳公司其他的朋友们，是他们促成我此次的山东之行。另外，还要感谢山东那几位经销商朋友，是他们的真诚给了我写作和研究经销商未来出路这个课题的动力，每当面临写作困境时，想到本书可能会对经销商朋友们有所借鉴，就又使我很快进入到写作和研究状态。最后，感谢家人一贯的支持，这是我永远也感谢不尽的。